DREIKLANG

Musik SEK II
Arbeitshefter

Herausgeber
Prof. Dr. Georg Maas
Prof. Dr. Ines Mainz

Autoren
Dr. Stefan Auerswald, Droyßig
Margrit Bethin, Halle (Saale)
Katja Brunsmann, Berlin
Prof. Dr. Bernd Fröde, Rostock
Dr. Jan-Peter Koch, Rostock
Prof. Dr. Oliver Krämer, Rostock
Dr. Frank Liebscher, Leipzig
Prof. Dr. Georg Maas, Halle (Saale)
Prof. Dr. Ines Mainz, Leipzig
Kaspar Mainz, Leipzig
Gernot Philipp, Weimar
Tina Prager-Lewin, Wriezen

Cornelsen

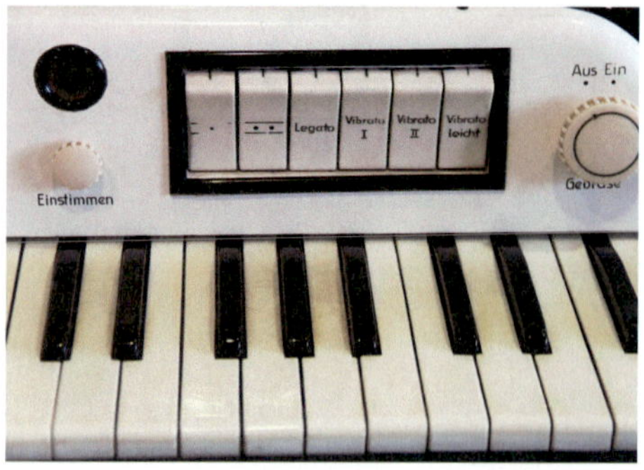
Legato
Vibrato I
Vibrato II
Aus Ein
Einstimmen

Neue
Wege
der
Musik

Name: Kurs: Datum:

Höranalyse

Ottorino Respighi *I pini della Via Appia*

Erstes Thema

⟫ **1** *Ergänzen Sie die fehlenden Noten im ersten Thema beim wiederholten Hören.*

Variation des Themas

⟫ **2** *Bestimmen und notieren Sie die Intervalle.*

Schlussgestaltung

⟫ **3** *Beschreiben Sie die Entwicklung des Themas in der Variation und Schlussgestaltung hinsichtlich der Gestaltung des Rhythmus' und der Verwendung spezifischer Intervalle. Begründen Sie die Veränderungen und beschreiben Sie die Wirkung.*

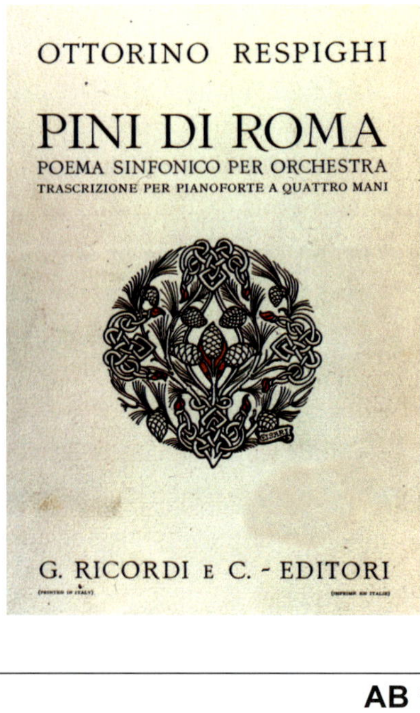

Partiturcover der Sinfonischen Dichtung *Pini di Roma* zur Klaviertranskription für vier Hände

Name: Kurs: Datum:

Kirchentonarten im Vergleich

Eh' noch der Lenz beginnt Worte: Abraham Fröhlich · Musik: Adolf Wendt

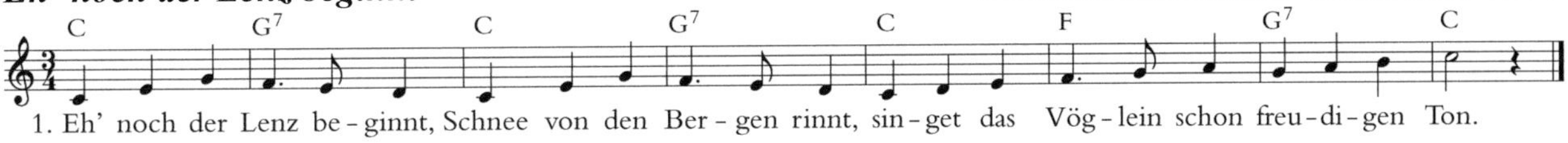

Dorisch in c

***Eh' noch der Lenz beginnt* in Dorisch**

Mixolydisch in c

***Eh' noch der Lenz beginnt* in Mixolydisch**

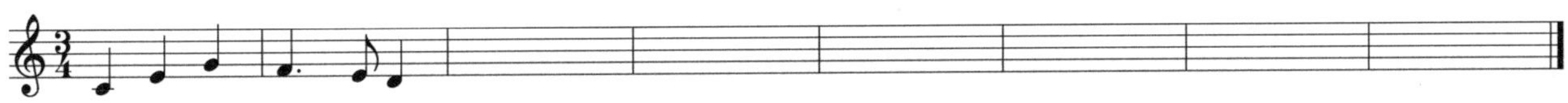

Phrygisch in c

***Eh' noch der Lenz beginnt* in Phrygisch**

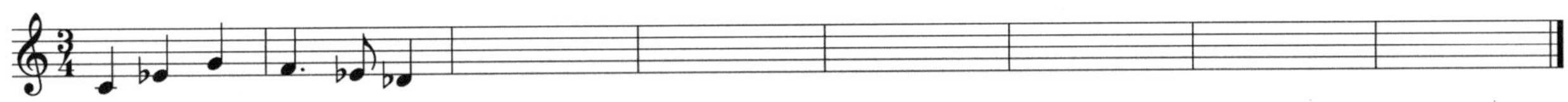

›› **1** *Ergänzen Sie das Lied mit den Tönen der jeweiligen modalen Skalen.*

›› **2** *Überlegen Sie, welche Durtonleitern sich aus den jeweiligen Skalentönen bilden lassen. Entwickeln Sie eine Strategie, wie Sie die benötigten Vorzeichen ermitteln können, wenn Sie eine Kirchentonart auf einem beliebigen Ton aufbauen wollen.*

Name: Kurs: Datum:

Notationsformen im Vergleich (1/2)

Partitur

***Matthäus-Passion, 1. Teil* (Anfang)**

Johann Sebastian Bach

Name: Kurs: Datum:

Notationsformen im Vergleich (2/2)

1 *Vergleichen Sie Partitur (1/2) und Klavierauszug. Überlegen Sie sich, welche Klangerwartungen Sie aus dem jeweiligen Notenbild ableiten können.*
a) *Suchen Sie in der Partitur nach parallel geführten Instrumenten und Stellen, an denen das Anfangsmotiv der zweiten Oboe aufgegriffen wird. Spielen Sie einzelne Stimmen und stellen Sie sich die zugehörigen Klangfarben vor.*
b) *Beschreiben Sie anhand der Noten harmonische Auffälligkeiten. Bestimmen Sie die Akkorde am Anfang des ersten und zweiten Taktes und die Aufteilung der Akkordtöne auf die Instrumentalstimmen. Spekulieren Sie über die Bedeutung und Funktion der Bezifferung unter der Bassstimme.* ↗ *S. 60 f.*
c) *Vergleichen Sie die Musik mit Ihren Erwartungen.*

Klavierauszug

Matthäus-Passion, 1. Teil **(Anfang)** Johann Sebastian Bach

2 *Vergleichen Sie Partitur (1/2) und Klavierauszug. Überlegen Sie sich, welche Klangerwartungen Sie aus dem jeweiligen Notenbild ableiten können.*
a) *Suchen Sie im Klavierauszug Stellen, an denen das Anfangsmotiv der zweiten Oboe, wie Sie es dem Partiturbild entnehmen können, aufgegriffen wird.*
b) *Beschreiben Sie anhand der Noten harmonische Auffälligkeiten. Bestimmen Sie die Akkorde am Anfang des ersten und des zweiten Taktes.*
c) *Vergleichen Sie die Musik mit Ihren Erwartungen.*

Name:	Kurs:	Datum:

Analyse einer Partitur

Melodik

***Matthäus-Passion, 1. Teil, Eingangschor* (Anfangsmotiv)** Johann Sebastian Bach

⟫➤ **1** *Ergänzen Sie das Motiv, indem Sie eigene Sequenzierungen anfügen, und vergleichen Sie Ihr Ergebnis mit dem Original.*

Harmonik

***Matthäus-Passion, 1. Teil, Eingangschor* (Ausschnitt)** Johann Sebastian Bach

⟫➤ **2** *Notieren Sie die verwendeten Harmonien im zweiten Chor.*

Name: Kurs: Datum:

Übemethoden

Felix Mendelssohn Bartholdy *Lied ohne Worte Opus 19 Nr. 4*

Moderato Felix Mendelssohn Bartholdy

Variables Üben

1. Legen Sie für die rechte und die linke Hand einen geeigneten Fingersatz fest, der es Ihnen ermöglicht, die angezeigte Legato-Phrasierung zu realisieren.
2. Spielen Sie nun langsam mit Ihrem Fingersatz nur die Melodie. Wiederholen Sie die Übung unter Einbezug der weiteren Stimmen.
3. Musizieren Sie alle Stimmen (rechte und linke Hand) im forte und achten Sie darauf, dass Ihre Finger alle Töne intensiv erfassen, Ihre Arme und Schultern dabei aber entspannt und locker bleiben.
4. Singen Sie die Melodie, beobachten Sie dabei Ihren Atem, entwickeln Sie einen melodischen Bogen von Anspannung zu Entspannung in der dynamischen Gestaltung. Übertragen Sie diese Dynamik auf Ihr Spiel.
5. Üben Sie weiter im langsamen Tempo und probieren Sie unterschiedliche Verbindungen von Dynamik und Tempo aus (lauter und etwas schneller werden, leiser und langsamer werden usw.).

Geblocktes Üben

1. Legen Sie per Metronom eine Obergrenze für Ihr Tempo fest.
2. Beginnen Sie jetzt mit einer langsameren Metronomzahl. Wenn Sie fünf Wiederholungen ohne Fehler schaffen, dann stellen Sie das Tempo etwas schneller.
3. Üben Sie mit steigendem Tempo, bis Sie Ihre gewählte Obergrenze erreicht haben.
4. Wiederholen Sie in Ihrem Zieltempo die Takte in der von Ihnen schon entwickelten ausdrucksvollen Gestaltung.

Retrosequenzielles Üben

1. Beginnen Sie mit dem letzten Motiv in Takt 8 (ab Achtel a‘) bis Takt 9.
2. Spielen Sie jetzt das Motiv in Takt 7 (Achtel h‘) bis Takt 8. Musizieren Sie in Folge beide Motive von Takt 7 bis Takt 9.
3. Fahren Sie so fort, bis Sie am Beginn von Takt 5 angekommen sind.

›➤ **1** *Üben Sie die Takte variabel, geblockt und retrosequenziell.*

Name: Kurs: Datum:

Proben mit einem Leadsheet

Viva la Vida Coldplay (Guy Berryman, Jonny Buckland, Will Champion, Chris Martin)

Cornelsen

Arrangeur: Frank Liebscher
Notensetzer: Holger Jeschke
Quelle Noten und Text: Universal Music Publishing MGB Limited / Musik Edition Discoton GmbH, Berlin

Name: Kurs: Datum:

Ein Werk im Wandel (1/2)

Johann Sebastian Bach *Preludio aus Partita in E-Dur*

Preludio* aus *Partita III in E-Dur BWV 1006

1 *Diskutieren Sie anhand des Notenauszugs der Partita für Solovioline die These, Bach habe in den Satz eine Begleitung eingearbeitet. Markieren Sie farbig mehrstimmige Stellen im Notentext.*

Sinfonia* aus *Wir danken Dir, Gott, wir danken Dir BWV 29

2 *Vergleichen Sie die Bearbeitung für Orchester mit dem Original und beschreiben Sie den Wandel in der musikalischen Wirkung des Werks. Rahmen Sie die Noten ein, die dem Original entnommen sind.*

3 *Recherchieren Sie, nach welchen Kriterien das Bach-Werke-Verzeichnis (BWV) aufgebaut wurde.*

Name: Kurs: Datum:

Ein Werk im Wandel (2/2)

Johann Sebastian Bach *Preludio* aus *Partita in E-Dur*

Die Klavierbegleitung von Felix Mendelssohn Bartholdy

➤ **4** *Bestimmen Sie den harmonischen Verlauf der Klavierbegleitung und setzen Sie ihn in Beziehung zur Violinstimme (1/2). Welche Absicht könnte Mendelssohn mit seinem Vorgehen verfolgt haben?*

Name: Kurs: Datum:

Übertragung eines Urtextes in heutige Notation

Mein G'müt ist mir verwirret Hans Leo Hassler

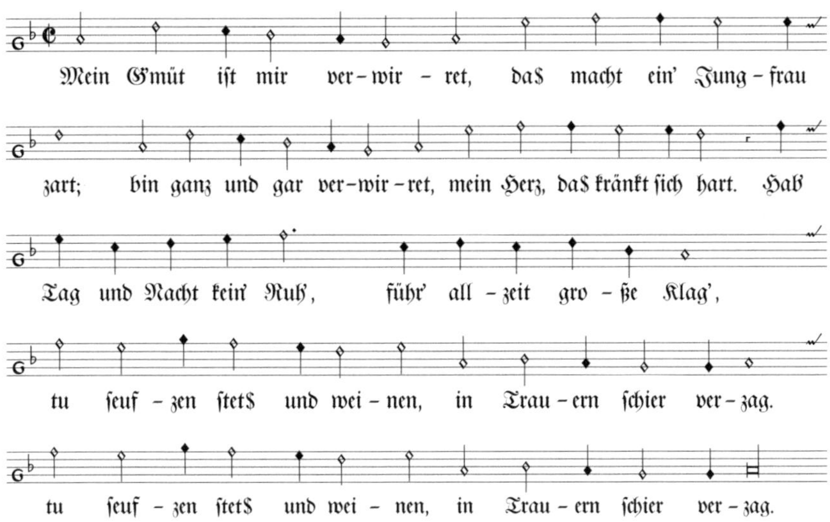

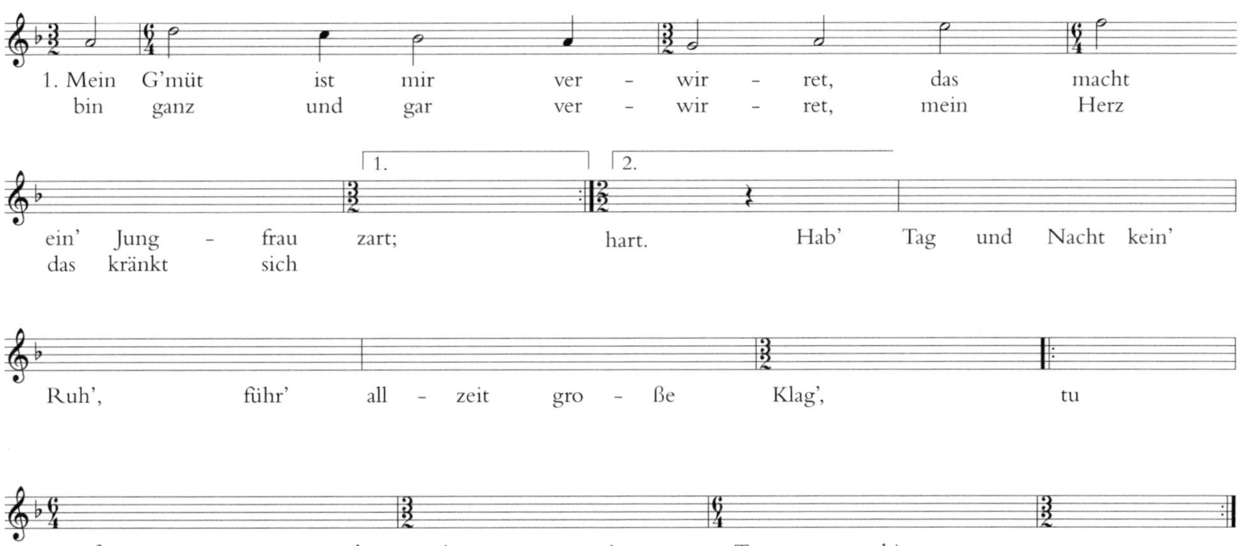

➤ **1** *Erfassen Sie die Betonungen und übertragen Sie die alte Notenschrift in die heutige Form, indem Sie das Aussehen der Noten anpassen und Taktstriche einfügen. Beginnen Sie mit einem Auftakt und berücksichtigen Sie die vorkommenden Taktwechsel (6/4, 3/2, 2/2).*

Name: Kurs: Datum:

Vergleich: *Ich bin ein Gast auf Erden* (1/2)

Paul Gerhardt (1666, leicht gekürzt)

1. Ich bin ein Gast auf Erden und hab hier keinen Stand;
der Himmel soll mir werden, da ist mein Vaterland.
Hier reis' ich bis zum Grabe; dort in der ew'gen Ruh
ist Gottes Gnadengabe, die schließt all Arbeit zu.

2. Was ist mein ganzes Wesen von meiner Jugend an
als Müh und Not gewesen? Solang ich denken kann,
hab ich so manchen Morgen, so manche liebe Nacht
mit Kummer und mit Sorgen des Herzens zugebracht.

3. Mich hat auf meinen Wegen manch harter Sturm erschreckt;
Blitz, Donner, Wind und Regen hat mir manch Angst erweckt;
Verfolgung, Hass und Neiden, ob ich's gleich nicht verschuld't,
hab ich doch müssen leiden und tragen mit Geduld.

4. So ging's den lieben Alten, an deren Fuß und Pfad
wir uns noch täglich halten, wenn's fehlt am guten Rat;
sie zogen hin und wieder, ihr Kreuz war immer groß,
bis dass der Tod sie niederlegt in des Grabes Schoß.

5. Ich habe mich ergeben in gleiches Glück und Leid;
was will ich besser leben als solche großen Leut'?
Es muss ja durchgedrungen, es muss gelitten sein;
wer nicht hat wohl gerungen, geht nicht zur Freud hinein.

6. So will ich zwar nun treiben mein Leben durch die Welt,
doch denk ich nicht zu bleiben in diesem fremden Zelt.
Ich wandre meine Straße, die zu der Heimat führt,
da mich ohn' alle Maße mein Vater trösten wird.

7. Mein' Heimat ist dort droben, da aller Engel Schar
den großen Herrscher loben, der alles ganz und gar
in seinen Händen träget und für und für erhält,
auch alles hebt und leget,
wie es ihm wohlgefällt.

8. Zu dem steht mein Verlangen, da wollt ich gerne hin;
die Welt bin ich durchgangen, dass ich's fast müde bin.
Je länger ich hier walle, je wen'ger find ich Freud,
die meinem Geist gefalle; das meist' ist Herzeleid.

9. Die Herberg ist zu böse, der Trübsal ist zu viel.
Ach komm, mein Gott, und löse mein Herz, wenn dein Herz will;
komm, mach ein selig's Ende an meiner Wanderschaft,
und was mich kränkt,
das wende durch deinen Arm
und Kraft.

10. Wo ich bisher gesessen, ist nicht mein rechtes Haus.
Wenn mein Ziel ausgemessen, so tret ich dann hinaus;
und was ich hier gebrauchet, das leg ich alles ab,
und wenn ich ausgehauchet, so scharrt man mich ins Grab.

11. Du aber, meine Freude, du meines Lebens Licht,
du ziehst mich, wenn ich scheide, hin vor dein Angesicht
ins Haus der ew'gen Wonne, da ich stets freudenvoll
gleich wie die helle Sonne mit andern leuchten soll.

12. Da will ich immer wohnen – und nicht
nur als ein Gast –
bei denen, die mit Kronen du ausgeschmücket hast;
da will ich herrlich singen von deinem großen
Tun und frei von schnöden Dingen in meinem
Erbteil ruhn.

Name: Kurs: Datum:

Vergleich: *Ich bin ein Gast auf Erden* (2/2)

Gerhard Schöne (1991)

1. Ich bin ein Gast auf Erden. Bald muss ich wieder gehen.
   Umarme ich Gefährten, sag ich: „Auf Wiedersehn!"
   Dann denke ich beklommen: Ob wir wohl noch einmal wie heut zusammenkommen?
   Wer weiß der Stunden Zahl?

2. Ich bin ein Gast auf Erden, versuch mich dann und wann
   als Hausherr zu gebärden, der alles machen kann.
   Dann sterben Wälder, Meere, dann bleibt kein Lüftchen rein,
   dann gehen ganze Heere von andern Gästen ein.

3. Ich bin ein Gast auf Erden. Ich bin noch auf dem Weg.
   Hab mancherlei Beschwerden vom schweren Marschgepäck.
   Muss mich beizeiten wenden von allem, was mich hält.
   Ganz nackt, mit leeren Händen geh ich von dieser Welt.

4. Ich bin ein Gast auf Erden. Ich weiß, es muss so viel
   bis morgen anders werden und ferne liegt das Ziel.
   Wills mit in Ordnung bringen, will stillen manches Weh,
   mein schönstes Danklied singen, bevor ich von ihr geh.

Gerhard Schöne (geboren 1952 in Coswig) auf einer Demonstration in Dresden, 2007

»➤ **1** *Diskutieren Sie, inwieweit Schönes Neuinterpretation den Aussagen des ursprünglichen Textes gerecht wird.*

Eine eigene Kontrafaktur erstellen

Johann Crüger

»➤ **2** *Wählen Sie aus den Themen Sehnsucht, Abschied, Freundschaft, Verlust, Krieg oder Umweltzerstörung eines aus und verfassen Sie zur bekannten Melodie mehrere eigene Strophen. Richten Sie insbesondere die rhythmische Gestaltung nach der Grundstimmung aus.*

Name: Kurs: Datum:

Variieren eines Liedes

***Bruder Jakob* (*Frère Jacques*)** Aus Frankreich

Wechsel der Taktart (des Metrums)

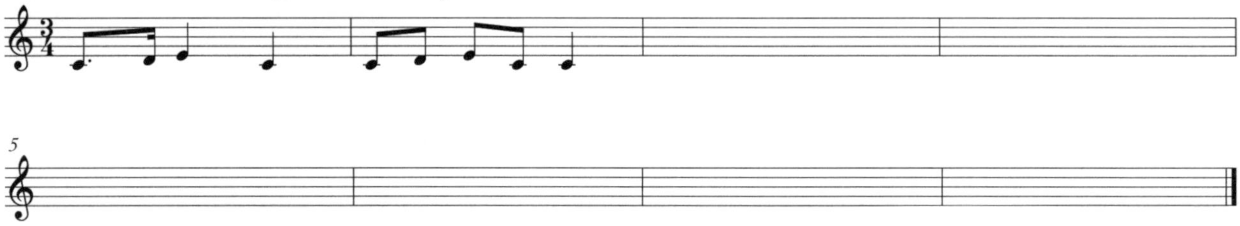

Variation des Rhythmus'

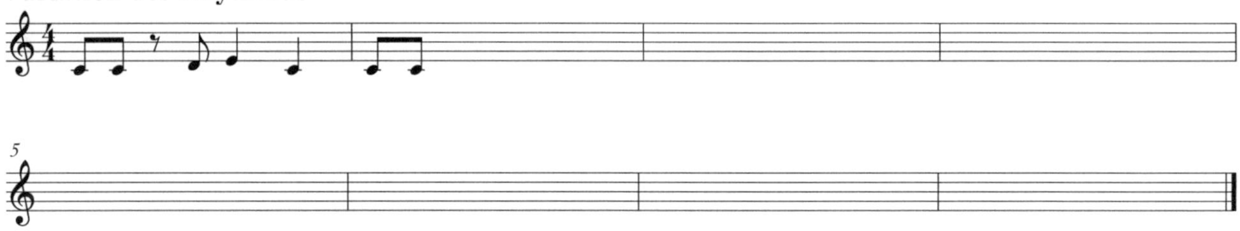

Veränderung des Tongeschlechts

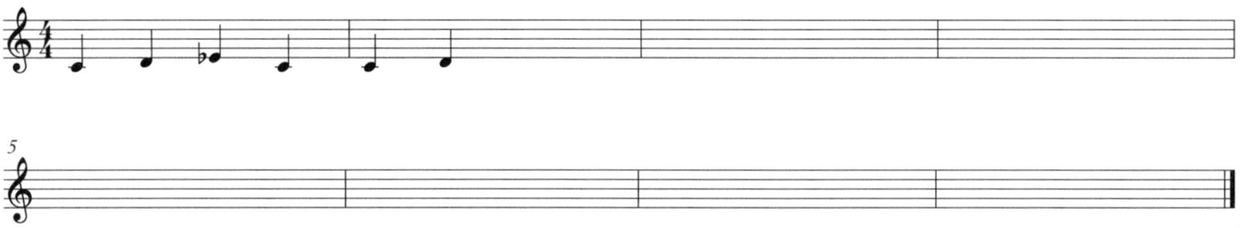

➤ **1** *Schreiben Sie das bekannte Lied um, indem Sie das Metrum, den Rhythmus oder das Tongeschlecht unter Verwendung passender Vorzeichen verändern. Führen Sie dazu die Variationsvorschläge in ähnlicher Weise fort oder finden Sie eine ganz neue Variationsmöglichkeit.*

Name: Kurs: Datum:

Summertime aus der Oper *Porgy and Bess*

***Summertime* (Klavierbegleitung)** Worte: Ira G. Gershwin, DuBose Heyward · Musik: George Gershwin

⟫➤ **1** *Singen Sie das Lied gemeinsam.*
Beschreiben Sie den musikalischen Aufbau und die Melodiegestaltung.

Notensetzer: Holger Jeschke
Quelle Noten und Text: 1935 by Gershwin Music Publ. Corp./Chappell & Co. Inc. Warner/Chappell International Music Ltd., Für D/A/CH: Chappell & Co. GmbH & Co. KG, Hamburg

Name: Kurs: Datum:

Mindmap „Jazz“

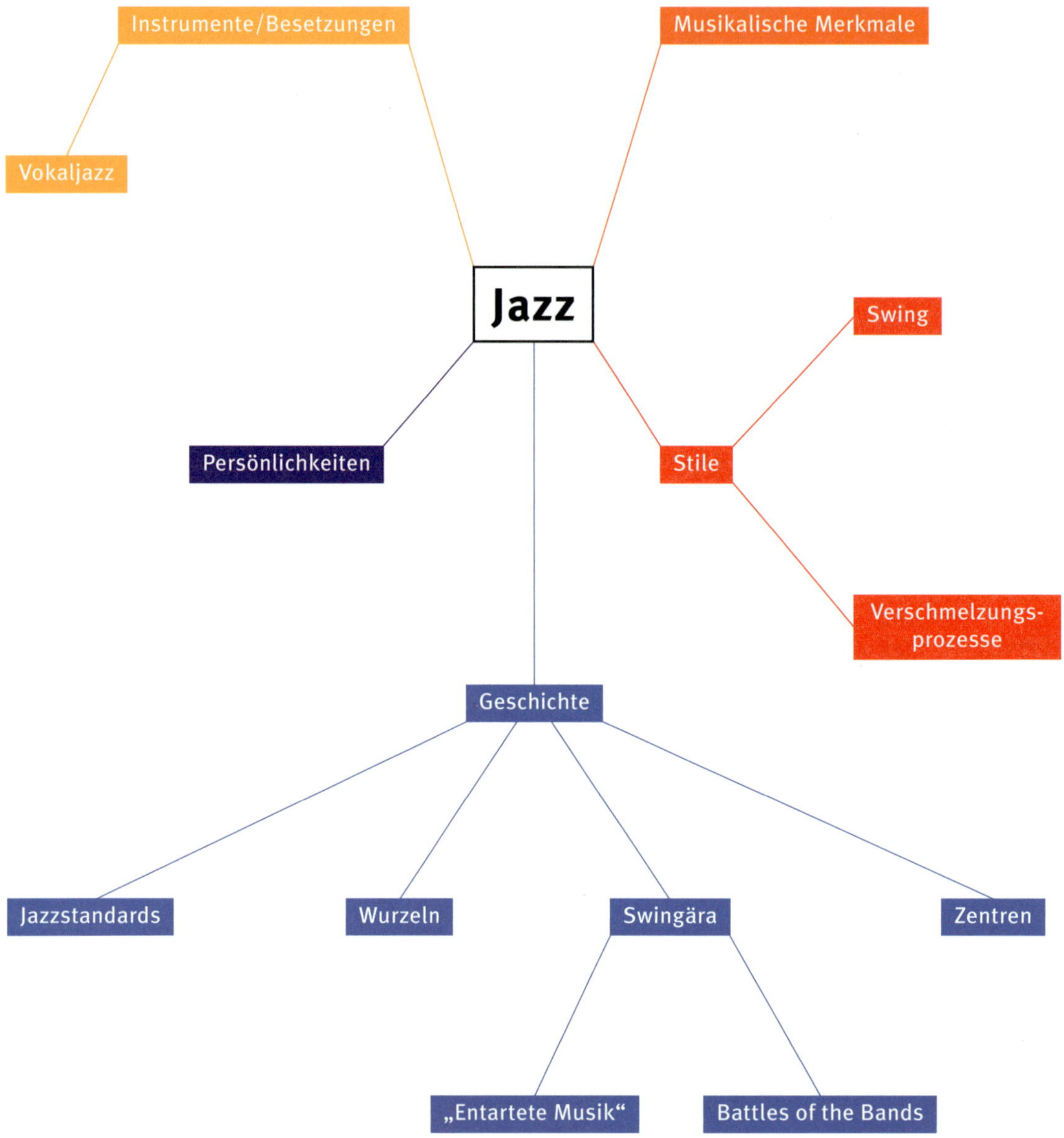

- Barbershop
- Swingfeeling
- Scatgesang
- Bebop
- West Coast Jazz
- Charlie „Bird“ Parker
- Cool Jazz
- Barbara Dennerlein
- Improvisation
- Jazzrock
- Esperanza Spalding
- Saxofon
- Worksong
- Ella Fitzgerald
- Dirty Intonation
- Bigband

» **1** *Erstellen Sie eine Mindmap und tragen Sie zusammen, was Sie über Jazz wissen. Ergänzen Sie die Vorlage zunächst um die in der Box genannten Begriffe. Entwickeln Sie dann eigene Gestaltungsideen.*

Name: Kurs: Datum:

Summertime – Ein Lied in vier Arrangements (1/2)

Interpreten	**Renee Olstead (Gesang)** **David Foster (Produzent)**	**Herbie Hancock (Klavier)** **Joni Mitchell (Gesang)** **Wayne Shorter (Sopransaxofon)** **Ira Coleman (Bass)** **Stevie Wonder (Harmonika)**	**Miles Davis (Trompete)** **Gil Evans (Arrangeur, Bandleader)**	**Klazz Brothers & Cuba Percussion (Klavier, Kontrabass, Schlagzeug, Timbales, Congas)**
Veröffentlicht	2004	1998	1958	2009
Album	Renee Olstead	Gershwin's World	Miles Davis: Porgy and Bess	Jazz Meets Cuba
Dauer	4:12	4:41	3:17	3:40
Formverlauf				
Instrumentierung				
Gesangliche Gestaltung				
Stilistik				
Persönliche Beurteilung[1]				

1 Notieren Sie hier eine passende Überschrift für Ihre persönliche Beurteilung.

» **1** *Vergleichen Sie die Arrangements der Interpreten Renee Olstead, Herbie Hancock, Miles Davis sowie Klazz Brothers & Cuba Percussion. Füllen Sie die Felder der Tabelle stichwortartig aus.*

» **2** *Formulieren Sie eine kurze persönliche Beurteilung beider Gesangsversionen unter Einbeziehung Ihrer Analyseergebnisse in Form einer Überschrift.*

» **3** *Welche Rolle spielt jeweils das Soloinstrument in den Instrumentalversionen?*

Name: Kurs: Datum:

Summertime – Ein Lied in vier Arrangements (2/2)

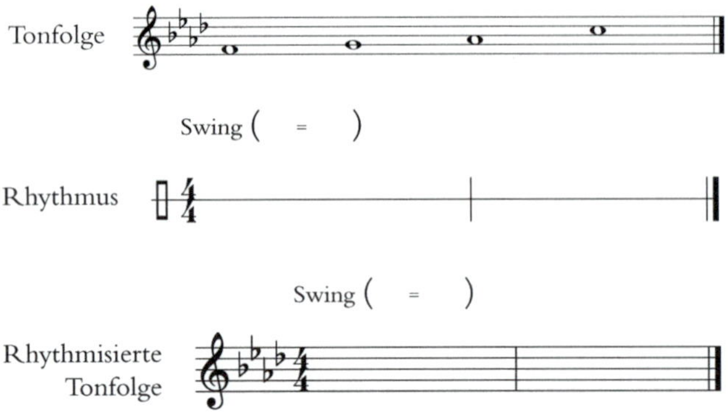

»► **4** *Versuchen Sie in der Interpretation von Miles Davis den Rhythmus der begleitenden Bläser zu notieren und nachzuspielen. Orientieren Sie sich an der Tonfolge f – g – as – c. Notieren Sie zunächst nur den Rhythmus. Kombinieren Sie ihn in einem weiteren Schritt mit den Tönen.*

In der Adaption der Klazz Brothers & Cuba Percussion mischen sich auf anspruchsvolle Weise „klassische“ und jazztypische Rhythmen.

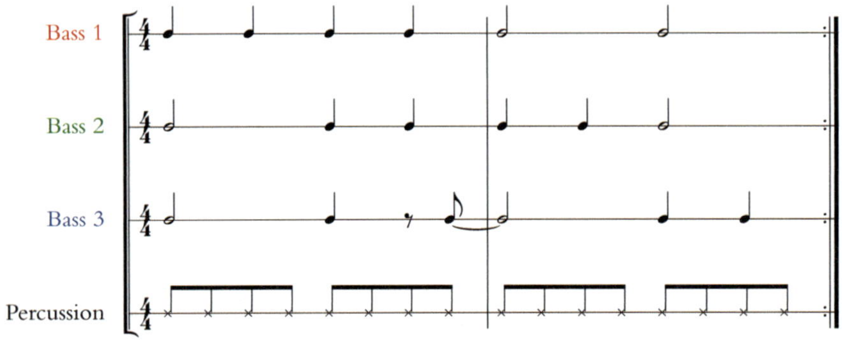

»► **5** *Das hier vereinfacht dargestellte Rhythmusgeflecht dieser Bearbeitung zeigt das Zusammenspiel von Bass, Schlagzeug und Percussion mit dem Klavier. Versuchen Sie den Rhythmus des Basses herauszuhören und nachzuspielen.*

a) *Tragen Sie zunächst die rhythmischen Akzente in der Percussionstimme ein und trommeln Sie den Rhythmus leise zur Aufnahme.*

b) *Der Bass spielt ein 2-taktiges rhythmisches Modell mit geringfügigen Abweichungen. Spielen Sie die drei Bassrhythmen 1–3 und entscheiden Sie, welche Notation am ehesten der Aufnahme entspricht.*

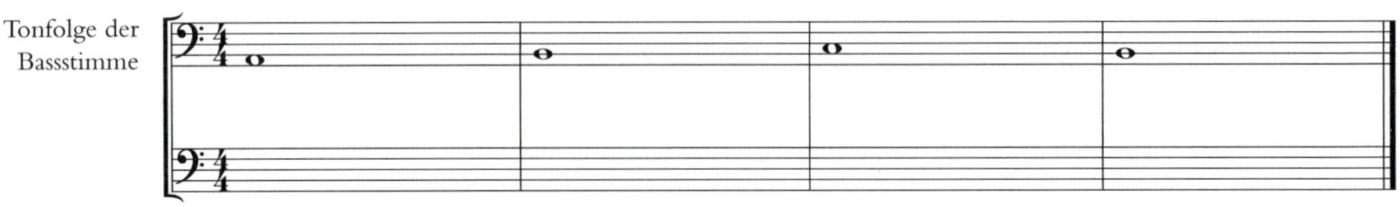

6 *Verbinden Sie das passende Rhythmusmodell mit der Tonfolge a – h – c – h, sodass sich eine Ostinatofigur von vier Takten Länge ergibt. Spielen Sie das Ostinato und improvisieren Sie dazu unter Verwendung verschiedener Percussioninstrumente.*

Autor: Georg Maas
Notensetzer: Holger Jeschke

Name:	Kurs:	Datum:

Vergleich: Original und Rekomposition (1/2)

Antonio Vivaldi *Der Sommer, 3. Satz*

Name: Kurs: Datum:

Vergleich: Original und Rekomposition (2/2)

»► **1** *Verfolgen Sie die Stimme der Solovioline beim Hören der Einspielung mit Nigel Kennedy. Versuchen Sie dazu zunächst das Metrum des 3/4-Taktes wahrzunehmen.*

»► **2** *In weiten Teilen wird das Soloinstrument von den ersten Violinen des Orchesters unterstützt. Beschreiben Sie den musikalischen Ablauf an der Stelle, wo Nigel Kennedy als Solist in Erscheinung tritt.*

»► **3** *Unterscheiden Sie Motive, die den Satz prägen. Diese können von unterschiedlicher Länge sein (z. B. Takt 1–4, Takt 10–11). Vergleichen Sie Ihre Einteilungen: Es kann durchaus verschiedene Zuordnungen geben.*

Max Richter *Vivaldi recomposed*

»► **4** *Untersuchen Sie, wie Richter die Vorlage von Vivaldi verändert hat. Vergleichen Sie den Anfang seiner Rekomposition mit dem Motiv der Takte 1–4 im Original.*

»► **5** *Identifizieren Sie die Stelle, in der die Takte 40 ff. der Vorlage wieder aufgegriffen werden. Wodurch wirkt der Einsatz der Solovioline bei Richter überraschender als im Original?*

Die Violinkonzerte *Die Vier Jahreszeiten* erfreuen sich seit ihrem Erscheinen um 1725 großer Beliebtheit unter Geigern wie auch beim Publikum. Durch Veröffentlichungen auf Schallplatte oder CD erlangten einzelne Interpretationen besondere Bekanntheit. Zu diesen gehören beispielsweise die Einspielungen von Alice Harnoncourt (geboren 1930), Nigel Kennedy (geboren 1956), Anne-Sophie Mutter (geboren 1963), Daniel Hope (geboren 1973) oder Vanessa-Mae (geboren 1978).

»► **6** *Sammeln Sie Informationen, welche Bedeutung die genannten Geiger für die Interpretationsgeschichte der Vivaldi-Konzerte hatten bzw. welchen Einfluss die Konzerte auf die Karrieren der Interpreten gewannen.*

Der Komponist Max Richter (Mitte) im Probengespräch mit Daniel Hope (rechts) und Dirigent André de Ridder.

Name: Kurs: Datum:

Arrangieren eines Liedes

Nehmt Abschied, Brüder (Auld Lang Syne) dt. Text: Claus Ludwig Laue · Melodie aus Schottland

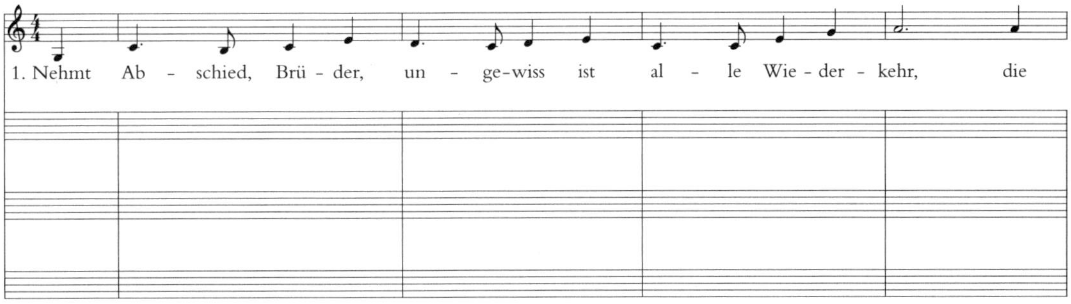

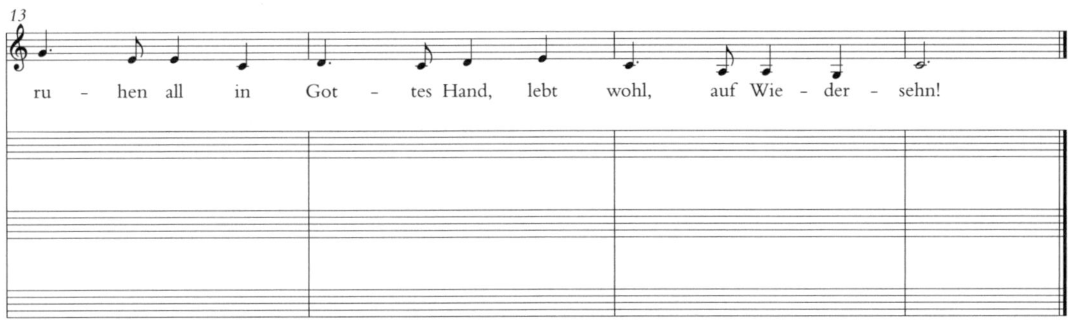

1 *Arrangieren Sie das Lied in einer beliebigen Stilistik und für eine Besetzung passend zu Ihren Mitschülern. Ändern Sie bei Bedarf die Tonart. Studieren Sie das Arrangement ein und führen Sie es auf.*

2 *Recherchieren Sie die Geschichte des Liedes und seiner unterschiedlichen Fassungen.*

Cornelsen
Autor: Margrit Bethin
Notensetzer: Holger Jeschke
Quelle Liedtext: Georgs-Verlag, Neuss

Name: Kurs: Datum:

Griechische Antike: das Pythagoras-Experiment

»► **1** *Vollziehen Sie den Versuch des Pythagoras mit einem selbst gebauten Monochord oder auch mit einer Gitarre nach. Orientieren Sie sich an den drei typischen Phasen des Experimentierens und dokumentieren Sie diese stichpunktartig.*

1. **Planungsphase** (Der Versuch bei Pythagoras, Hypothesenbildung, Messbarkeit der Ergebnisse, Skizze des Versuchsaufbaus, ggf. ergänzende Vorüberlegungen)

2. **Durchführungsphase** (Schrittfolge, Teilergebnisse)

3. **Auswertungsphase** (Zusammenfassende Darstellung der Ergebnisse mit Blick auf die Aufgabenstellung, kritische Reflexion des Versuchs, ggf. weiterführende Fragestellungen)

Hilfestellung

Unterteilen Sie die Saite in zwölf gleich lange Abschnitte. Das Zahlenverhältnis des Grundtons beträgt bei der gesamten Saitenlänge (l), damit $\frac{12}{12}$l, und entspricht einem Verhältnis von 1:1.

Name: Kurs: Datum:

Griechische Antike: das Tonsystem

Vier Tonleitern des griechischen Tonsystems

In absteigender Tonfolge werden hier vier Tonleitern dargestellt: Dorisch (1), Phrygisch (2), Lydisch (3), Mixolydisch (4).

Kirchentonarten

Dorisch

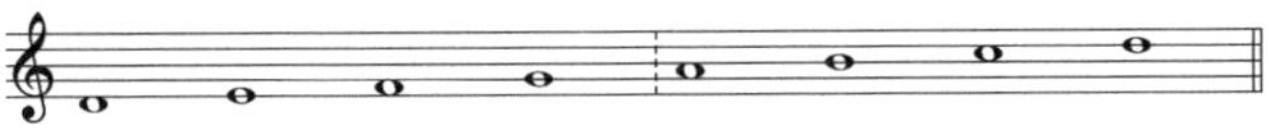

Phrygisch

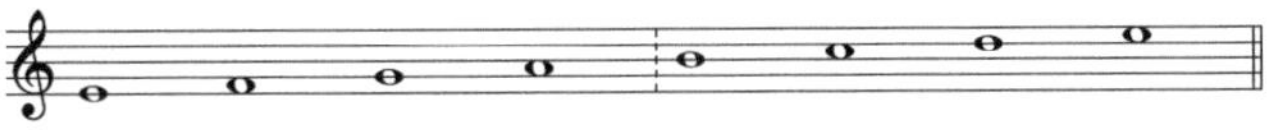

Lydisch

Mixolydisch

»➤ **1** *Vergleichen Sie die abgebildeten Tonleitern mit den mittelalterlichen Kirchentonarten.* ↗ *S. 240* *Benennen Sie die Unterschiede möglichst genau. Erfassen Sie die Klangwirkung der einzelnen Skalen, indem Sie diese hören, spielen und beschreiben.*

Name: Kurs: Datum:

Mittelalter: Quint- und Quartorganum

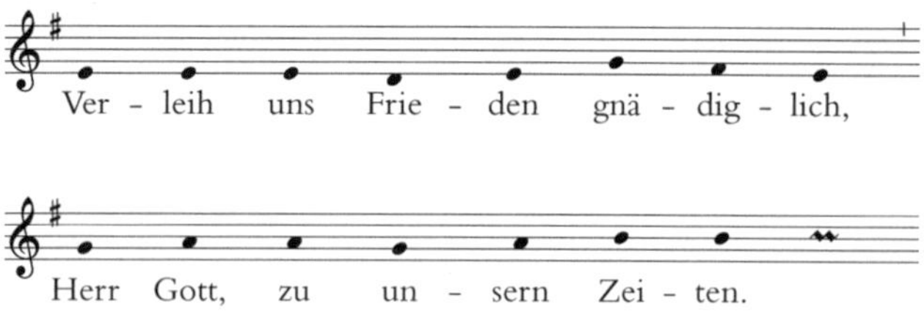

Die Vorlage zu Martin Luthers Liedstrophe lieferte eine gregorianische Antiphon, ein gottesdienstlicher Wechselgesang in lateinischer Sprache: *Da pacem, Domine, in diebus nostris …*

1 *Gestalten Sie zum vorliegenden Auszug aus dem Psalm 34 ein Quintorganum und musizieren Sie es.*

2 *Recherchieren Sie Hintergründe zum Begriff Psalm.*

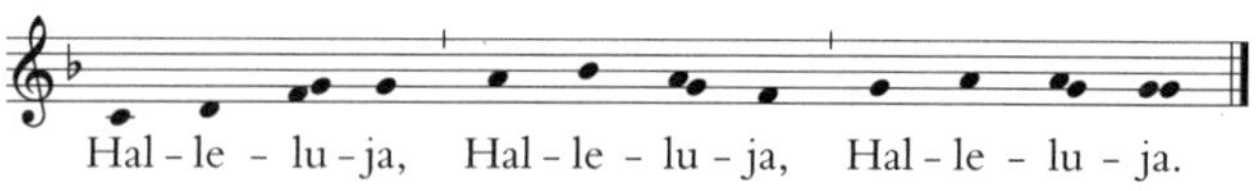

Halleluja: bekräftigender gottesdienstlicher Lobruf, aus den Psalmen übernommen, mit der Bedeutung „Lobet den Herrn!"

3 *Gestalten Sie zum vorliegenden Notenauszug ein Quartorganum und musizieren Sie es.*

Cornelsen

Autor: Stefan Auerswald
Notensetzer: Holger Jeschke

Quelle: Evangelisches Gesangsbuch. Ausgabe für die Evangelische Landeskirche Anhalts, die evangelische Kirche Berlin-Brandenburg-schlesische Oberlausitz, die evangelische Kirche der Kirchenprovinz Sachsen. Wichern-Verlag, Berlin 2011, Nr. 181.3 und 784.10

Name: Kurs: Datum:

Mittelalter: geistliche Motette

	Zeitspanne	**Vertreter**	**Gestaltungsprinzipien**
Frühe Mehrstimmigkeit			
Notre-Dame-Epoche			
Ars antiqua			
Ars nova			

Motette

Allgemeine Merkmale:

Isorhythmische Motette:

»➤ **1** *Vertiefen Sie Ihre Kenntnisse zur Motette, indem Sie die Tabelle und die Darstellung der isorhythmischen Motette durch eigene Recherchen ergänzen.*

Name: Kurs: Datum:

Renaissance: Klangwirkungen und Klangexperimente

Echo-Kanon Orlando di Lasso

Kanon für zwei Chöre im Abstand einer halben Note

⟫➤ **1** *Experimentieren Sie mit Klangwirkungen im Raum.*

a) *Singen oder sprechen Sie Melodie und Echo und probieren Sie verschiedene Aufführungsvarianten im Raum aus. Verändern Sie auch die Stimmeneinsätze und versuchen Sie Varianten mit drei oder vier Gruppen. Verwenden Sie zum einstimmigen Singen ggf. eine transponierte Fassung der Melodie.*

↗ *S. 54*

b) *Reflektieren Sie die Möglichkeiten und die auftretenden Schwierigkeiten für eine Aufführung des Echo-Kanons.*

c) *Erfassen Sie die Kompositionsweise Orlando di Lassos (1532–1594). Vergleichen Sie eine Einspielung des Echo-Kanons mit Ihren Experimenten.*

Name: Kurs: Datum:

Renaissance: Tanzmusik

Pavane d'Angleterre

Claude Gervaise
Arrangement: Stefan Auerswald

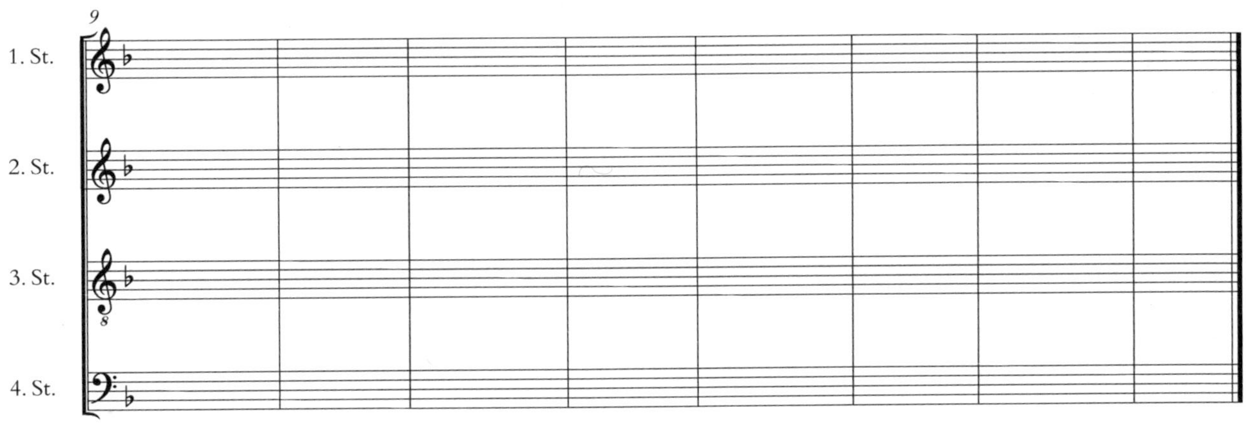

Grundschritt

Aufstellung: Paaraufstellung, offene Fassung
Ablauf: auf halbe Notenwerte
Schritt links vorwärts – rechts ran
Schritt rechts vorwärts – links ran
Schritt links-rechts-links vorwärts – rechts ran
Schrittfolge mit rechts beginnend wiederholen

⟫ **1** *Musizieren und tanzen Sie mithilfe der Grundschritte die Pavane in der hier vorliegenden Darstellung. Wählen Sie ein passendes Tempo und beziehen Sie Rhythmusinstrumente mit ein. Verdoppeln Sie bei Bedarf die letzte 4-Takt-Gruppe und beginnen Sie wieder am Anfang.*

⟫ **2** *Recherchieren Sie weitere Schrittfolgen und setzen Sie diese tänzerisch um.*

⟫ **3** *Komponieren Sie die Pavane stilgerecht zu Ende.*

Name: Kurs: Datum:

Renaissance: Motette und Madrigal

entflammen

Freude

seufzen

›› **1** *Gestalten Sie im Stile der Madrigalismen eigene Motive zu den Wörtern entflammen, Freude, seufzen.*

Motette	**Madrigal**

›› **2** *Stellen Sie Motette und Madrigal vergleichend gegenüber.*

Name: Kurs: Datum:

Renaissance: Reformation und Kirchenlied

Nun freut euch, lieben Christen g'mein Martin Luther

2. Dem Teufel ich gefangen lag, / im Tod war ich verloren, / mein Sünd' mich quälte Nacht und Tag, / darin ich war geboren. / Ich fiel auch immer tiefer drein, / es war kein Guts am Leben mein, / die Sünd' hatt' mich besessen.
3. Mein guten Werk, die galten nicht, / es war mit ihn' verdorben; / der frei Will hasste Gotts Gericht, / er war zum Gut'n erstorben; / die Angst mich zu verzweifeln trieb, / dass nichts denn Sterben bei mir blieb, / zur Höllen musst ich sinken.
4. Da jammert' Gott in Ewigkeit / mein Elend übermaßen; / er dacht' an sein Barmherzigkeit, / er wollt' / mir helfen lassen; / er wandt zu mir das Vaterherz, / es war bei ihm fürwahr kein Scherz, / er ließ's sein Bestes kosten.
5. Er sprach zu seinem lieben Sohn: / „Die Zeit ist hier zu erbarmen; / fahr hin, meins Herzens werte Kron, / und sei das Heil dem Armen / und hilf ihm aus der Sünden Not, / erwürg für ihn den bittern Tod / und lass ihn mit dir leben."
6. Der Sohn dem Vater g'horsam ward, / er kam zu mir auf Erden / von einer Jungfrau rein und zart; / er sollt mein Bruder werden. / Gar heimlich führt er sein Gewalt, / er ging in meiner armen G'stalt, / den Teufel wollt er fangen.
7. Er sprach zu mir: „Halt dich an mich, / es soll dir jetzt gelingen; / ich geb mich selber ganz für dich, / da will ich für dich ringen; / denn ich bin dein und du bist mein, / und wo ich bleib, da sollst du sein, / uns soll der Feind nicht scheiden.
8. Vergießen wird er mir mein Blut, / dazu mein Leben rauben; / das leid' ich alles dir zugut, / das halt mit festem Glauben. / Den Tod verschlingt das Leben mein, / mein Unschuld trägt die Sünde dein, / da bist du selig worden.
9. Gen Himmel zu dem Vater mein / fahr ich von diesem Leben; / da will ich sein der Meister dein, den Geist will ich dir geben, / der dich in Trübnis trösten soll / und lehren mich erkennen wohl / und in der Wahrheit leiten.
10. Was ich getan hab und gelehrt, / das sollst du tun und lehren, / damit das Reich Gott's werd gemehrt / zu Lob und seinen Ehren; / und hüt dich vor der Menschen Satz, / davon verdirbt der edle Schatz: / das lass ich dir zur Letze."

»► **1** *Machen Sie sich zunächst vertraut mit Luthers Sprache und den religiösen Vorstellungen seiner Zeit. Beschreiben Sie dazu den inhaltlichen Verlauf der Strophen und die angesprochenen Akteure.*

»► **2** *Untersuchen Sie beispielhaft an diesem Lied, auf welchen Eigenschaften die Popularität der evangelischen Kirchenlieder Luthers beruht. Grenzen Sie dabei das evangelische Kirchenlied vom gregorianischen Gesang und der Motette ab.* ↗ *S. 50 f.*

3 *Informieren Sie sich über Entstehungshintergründe des Liedes und dessen musikalische Aufnahme durch andere Komponisten. Recherchieren Sie Adaptionen unterschiedlicher Stilistik und andere Bearbeitungen.*

Name: Kurs: Datum:

Barock: Menuett

Johann Krieger

a-Teil

b-Teil

»➤ **1** *Notieren Sie über den Takten im a- und b-Teil die Harmonien und vergleichen Sie diese.*

»➤ **2** *Markieren Sie die Basslinien farbig und begründen Sie deren Verlauf.*

a-Teil

b-Teil

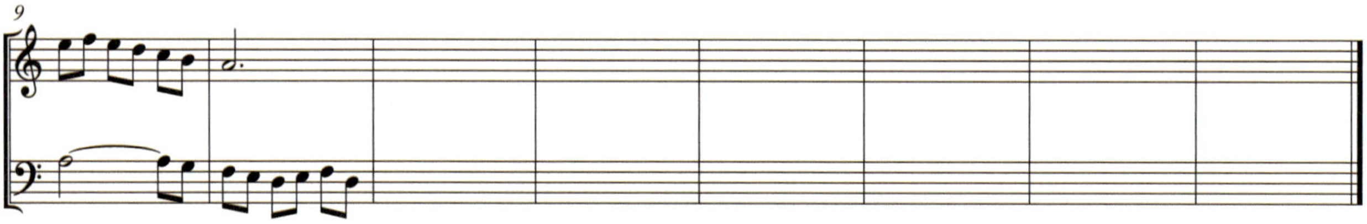

»➤ **3** *Ergänzen Sie die Takte und komponieren Sie eine Variation des Menuetts.*

Name: Kurs: Datum:

Barock: der Generalbass

Dreiklänge C-Dur und Umkehrungen

Die Generalbassbezifferung gibt vom Basston ausgehend an, welche Akkordtöne als Begleitung erklingen sollen. Sie ist unabhängig davon, welche Töne in der Melodie verwendet werden. Das Umwandeln der Bezifferung in notierte Akkorde wird „aussetzen" genannt.
In diesem Beispiel geht es um Dreiklänge in der Grundstellung und in den beiden Umkehrungen.

Melodie und Generalbass

›› **1** *Notieren Sie die zur bezifferten Basslinie passenden Akkorde im Violinschlüssel.*

Murky Sperontes

›› **2** *Setzen Sie die Bezifferung des Generalbasses aus, indem Sie die Melodie mit den entsprechenden Akkorden ergänzen.*
a) *Setzen Sie in den Takten 1 und 2 sowie 4 bis 8 die Akkordtöne jeweils nur unter die erste Achtelnote.*
b) *In Takt 3 fügen Sie an den bezifferten Stellen Akkorde als Achtelnoten ein.*

Name: Kurs: Datum:

Klassik: musikalische Prinzipien

Quellen	**abgeleitete Prinzipien der Klassik**	**musikalische Umsetzung**
Brief an den Herzog von Augustenburg (13. 7. 1793) von Friedrich Schiller (1759–1805)	erhaben	getragenes Tempo, klare, schnörkellose Melodie, legato
Altes Museum Berlin (1825–1830) Bauwerk von Karl Friedrich Schinkel (1781–1841)	Wiederholung (Säulenreihe)	
Madame Récamier (1800) Gemälde von Jacques-Louis David (1748–1825)	Gegensatz von hell und dunkel	
Komm, lieber Mai und mache (14. 1. 1791) Lied von Wolfgang A. Mozart (1756–1791)	Symmetrie und Ausgewogenheit	

⟫➤ **1** *Füllen Sie die Tabelle aus, indem Sie aus den zeitgenössischen Zeugnissen – einem Brief, einem Bauwerk, einem Gemälde, einem Lied – Merkmale ableiten, die typisch für die Epoche der Klassik sind.* ↗ *S. 44 f., 64 f.*

⟫➤ **2** *Finden Sie Möglichkeiten, wie diese Prinzipien umgesetzt werden können, und gestalten Sie diese musikalisch. Beschränken Sie sich dabei auf drei der von Ihnen gesammelten Ideen zur musikalischen Umsetzung.*

Name: Kurs: Datum:

Klassik: die 8-taktige Periode

Stufe 1

Stufe 2

Für Profis

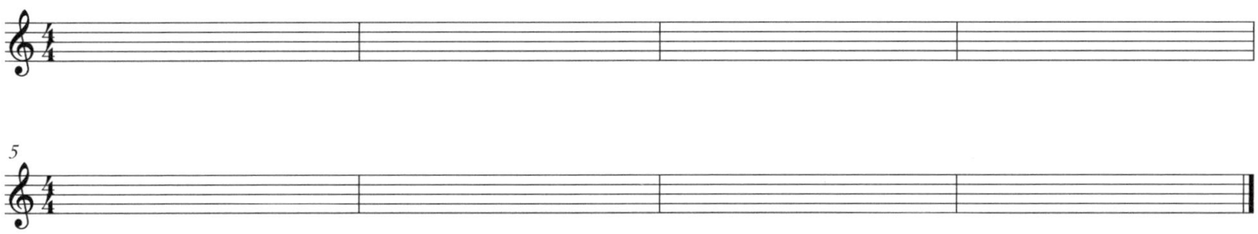

» **1** *Erfinden Sie ein 2-taktiges Motiv und setzen Sie es in den folgenden zwei Takten kontrastierend fort, indem Sie beispielsweise auf einen Anfang in engen Tonschritten mit einem Motiv in einem größeren melodischen Bogen reagieren. Wiederholen Sie Motiv und Fortsetzung und achten Sie darauf, dass eine Schlusswirkung erzielt wird. Beginnen Sie mit der Stufe 1.*

» **2** *Musizieren Sie ihre 8-taktigen Perioden auf einem Instrument Ihrer Wahl.*

» **3** *Finden Sie passende Harmonien, um Ihre 8-taktigen Perioden zu begleiten.*

Autor: Tina Prager-Lewin
Notensetzer: Holger Jeschke

Name:	Kurs:	Datum:

Klassik: die Erweiterung der 8-taktigen Periode

Klavierkonzert in D-Dur Hob. XVIII:11

1. Satz, Vivace

Joseph Haydn

⟫➤ 1 *Notieren Sie über den Takten die verwendeten Harmonien und bestimmen Sie Tonika, Subdominante und Dominante.*

⟫➤ 2 *Erstellen Sie ein Formschema, indem Sie die Abfolge der Motive notieren:*

Takte 1+2: Erstes Motiv

Takte 3+4: ....

Takte 5+6: ....

Takte 7+8: Variation des ersten Motivs

Takte 9+10: ....

Takte 11+12: ....

⟫➤ 3 *Beschreiben Sie die Abweichung von der Form der klassischen Periode. Vergleichen Sie das Thema auch mit dem Lied „Komm, lieber Mai, und mache“ von Wolfgang A. Mozart.* ↗ *S. 65, 244*

Name: Kurs: Datum:

Klassik: Modulation

» **1** *Fügen Sie die Akkorde der Kadenzen so zusammen, dass je eine erweiterte Kadenz in D-Dur und in A-Dur gebildet wird.*

» **2** *Notieren Sie über den Noten die verwendeten Harmonien.*

Es gibt vielfältige Möglichkeiten, von einer Tonart in eine andere zu modulieren, beispielsweise über Sequenzen, indem man die Dominante der Zieltonart so integriert, dass sie das Erreichen der neuen Tonika vorbereitet. Bei einer Modulation von D-Dur nach A-Dur sollte somit E-Dur in Erscheinung treten. Um das Hören der neuen Tonart zu festigen, wird zumeist am Ende der Modulation die entsprechende Kadenz angefügt.

» **3** *Musizieren Sie die Modulation und ergänzen Sie mit der A-Dur-Kadenz.*

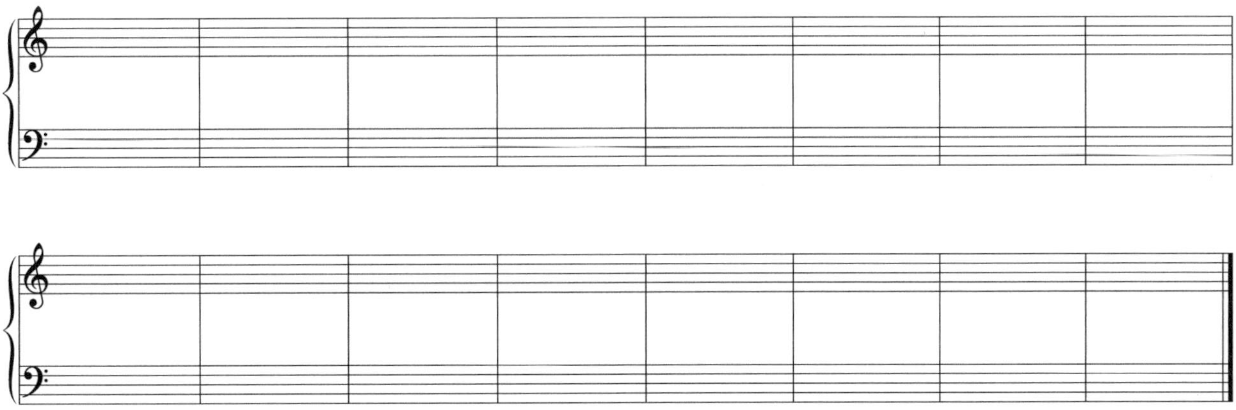

» **4** *Schreiben Sie eine eigene Modulation von D-Dur nach A-Dur.*

Autor: Ines Mainz
Notensetzer: Holger Jeschke

Name: Kurs: Datum:

Romantik: Frédéric Chopin

Frédéric Chopin wurde am 22.2.1810 in Żelazowa Wola (Polen) als Sohn eines französischen Vaters und einer polnischen Mutter geboren. Er wuchs in Warschau auf, wo er als Wunderkind durch sein Klavierspiel und eigene Kompositionen für Aufsehen sorgte. Einflussreiche Künstler nahmen sich seiner Förderung an.
Als Chopin mit 20 Jahren seine Heimat verließ und über Wien nach Paris übersiedelte, war er schon ein bewunderter Virtuose und Komponist – in Paris allerdings noch unbekannt. Dies änderte sich rasch und er wurde zu einer herausragenden Künstlerpersönlichkeit seiner Zeit. Seine langjährige Liebesbeziehung mit der Schriftstellerin George Sand hinterließ künstlerische Spuren sowohl in der Musik als auch in der Literatur.
Chopin komponierte fast ausschließlich für Klavier und schöpfte dabei die klanglichen Möglichkeiten des Instruments in einem ganz eigenen Stil aus. In einigen seiner Werke erinnert er dabei an seine polnischen Wurzeln (*Krakowiak*, *Polonaise*, *Mazurka* ↗ S. 235). Nach langer Krankheit starb Chopin bereits am 17.10.1849 in Paris.
Die Form des Nocturne (*frz.* nocturne, nächtlich; Nachtstück) ist schon seit der Barockzeit bekannt. In der Romantik wurde dem Nocturne eine besondere inhaltliche Bedeutung zugesprochen, verbanden sich doch mit der Nacht die Vorstellungen vom Irrationalen und Geheimnisvollen in Natur und Welt. Hierfür finden sich Beispiele auch in der Malerei (Caspar David Friedrich) und der Literatur (E. T. A. Hoffmann: „Nachtstücke“).

Nocturne in Es-Dur Opus 55 Nr. 2 Frédéric Chopin

⟫► **1** *Singen Sie langsam das musikalische Thema der ersten vier Takte und spielen Sie die Melodie dazu auf dem Klavier. Wählen Sie für jeden Takt passende Silben, wie beispielsweise do, sü, si, sa. Probieren Sie aus, welche sich besonders gut für die hohen Töne eignen. Achten Sie auch auf den Umgang mit Ihrem Atem.*

⟫► **2** *Entdecken Sie die Veränderungen der Melodie in den folgenden vier Takten.*
a) *Kennzeichnen Sie die noch vorhandenen Töne des ursprünglichen Themas farbig.*
b) *Finden und benennen Sie in Takt 6 ein im Stück immer wiederkehrendes Intervall.*
c) *Erklären Sie weitere rhythmische und melodische Besonderheiten.*

Name: Kurs: Datum:

Romantik: Schubert und der Ländler

Sinfonie in h-Moll, 2. Thema Franz Schubert

⯮ **1** *Entwickeln Sie aus dem zweiten Thema der Sinfonie in h-Moll von Franz Schubert ein Klavierstück. Analysieren Sie dazu die entsprechende Harmonisierung im originalen Satz. Wählen Sie einen passenden Schlussakkord.*

⯮ **2** *Finden Sie im Ausschnitt eines österreichischen Volkslieds den Bezug zu Schuberts Sinfonie. Vergleichen Sie die Rolle des Motivs für die melodische und harmonische Entwicklung.*

Wiener Damen-Ländler Nr. 12, D. 734 Franz Schubert

⯮ **3** *Gestalten Sie aus dem zweiten Thema der Sinfonie einen typischen Ländler für Klavier. Verändern Sie bei Bedarf die Begleitung und die Melodie. Orientieren Sie sich an dem Damen-Ländler.*

Name:	Kurs:	Datum:

Romantik: Lieder

Schöne Fremde Worte: Joseph von Eichendorff · Musik: Fanny Mendelssohn Bartholdy

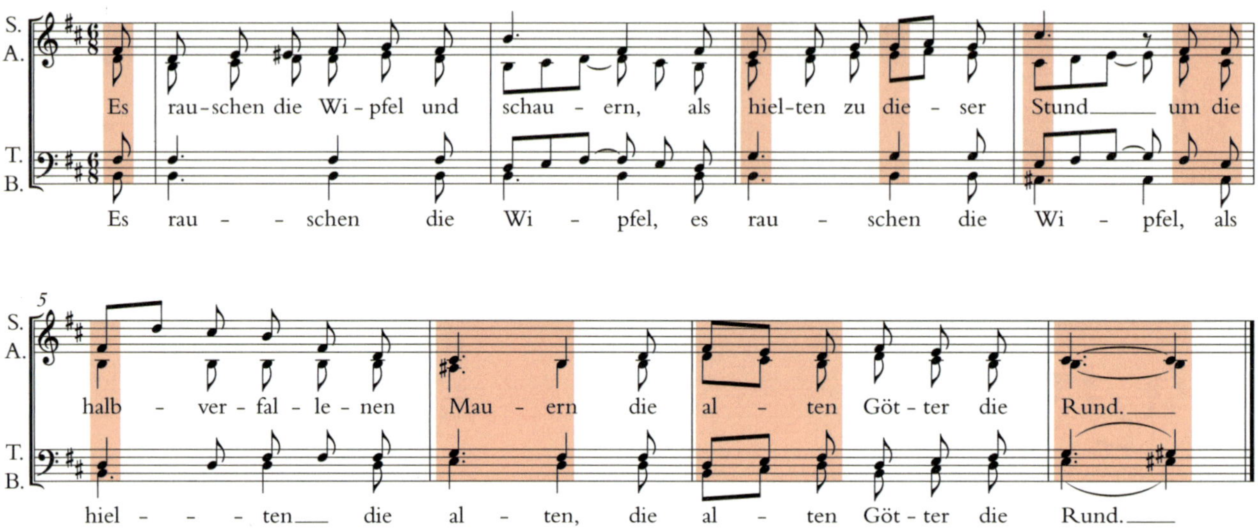

⋙ **1** *Notieren Sie über den farbig markierten Noten die entsprechenden Harmonien. Bezeichnen Sie auch Dominantseptakkorde und verminderte Septakkorde.*

In einem kühlen Grunde Worte: Joseph von Eichendorff · Musik: Friedrich Glück

Schöne Fremde

Takte 1, 2	Takte 3, 4	Takte 5, 6	Takte 7, 8

In einem kühlen Grunde

Takte 1, 2	Takte 3, 4	Takte 5, 6	Takte 7, 8	Takte 9, 10	Takte 11, 12

⋙ **2** *Veranschaulichen Sie den jeweiligen Formverlauf der beiden Lieder, indem Sie die Kästchen farbig gestalten und für gleiche oder ähnliche Motive dieselben Farben verwenden.*

⋙ **3** *Mutmaßen Sie, welche Formverläufe ein Lied eher als Volkslied oder als Kunstlied erscheinen lassen.*

Name: Kurs: Datum:

Romantik: Richard Wagner

Mild und leise – Isoldes Liebestod Richard Wagner

⫸ **1** *Notieren Sie über der Melodie die verwendeten Harmonien.*

Die heute übliche temperierte Stimmung bietet die Möglichkeit, einen Dreiklang harmonisch unterschiedlich zu deuten, indem dieselben Töne mit anderen Vorzeichen dargestellt werden (enharmonische Verwechslung). So kann beispielsweise ein Ges-Dur-Dreiklang auch als Fis-Dur-Dreiklang notiert werden.

2 *Überlegen Sie, wie die farbig gekennzeichneten Akkorde harmonisch umgedeutet werden könnten, und notieren Sie die Passage mit entsprechend veränderten Vorzeichen.*

3 *Entwickeln Sie eine Melodie, die Halbtonschritte enthält, und harmonisieren Sie diese.*

Name: Kurs: Datum:

Die Auflösung des Epochenbegriffs

Friedrich Nietzsche: *Zarathustras Rundgesang*

Oh Mensch! Gib Acht!

Was spricht die tiefe Mitternacht?

„Ich schlief, ich schlief,

Aus tiefem Traum bin ich erwacht:

Die Welt ist tief,

Und tiefer als der Tag gedacht.

Tief ist ihr Weh,

Lust – tiefer noch als Herzeleid:

Weh spricht: Vergeh!

Doch alle Lust will Ewigkeit,

will tiefe, tiefe Ewigkeit!“

Buchcover, Insel Verlag, Leipzig 1908

⋙ **1** *Deklamieren Sie den Text rhythmisch. Notieren Sie Ihre rhythmische Gestaltung über den Textzeilen. Ergänzen Sie dynamische Angaben. Begründen Sie Ihre Entscheidungen.*

Name: Kurs: Datum:

Harmonisieren einer Singstimme

Sinfonie in d-Moll Nr. 3, 4. Satz Gustav Mahler

⋙ **1** *Es gibt sechs Dur- und Moll-Dreiklänge, die den Ton a enthalten und sich deshalb zur Harmonisierung der Singstimme eignen. Gestalten Sie zwei alternative Begleitungen für die Singstimme, indem Sie jeweils mindestens zwei mögliche Begleitakkorde kombinieren. Beschreiben Sie die Auswirkungen auf die Textaussage.*

Name: Kurs: Datum:

Ravels *Bolero*: eigenes Arrangement

Bolero

Maurice Ravel

➤ **1** *Gestalten Sie das Thema A so, dass die farbigen Noten die höchsten Töne passender Akkorde werden.*

➤ **2** *Ergänzen Sie die farbigen Noten im Thema B mit einer in Terzen geführten zweiten Stimme. Beachten Sie, dass einige Terzen ein Vorzeichen erhalten müssen.*

Name:	Kurs:	Datum:

Lieder bearbeiten

Wenn ich ein Vöglein wär' Worte: Johann Gottfried Herder · 2. Stimme: Ines Mainz

2. Bin ich gleich weit von dir,
bin doch im Traum bei dir
und red mit dir.
Wenn ich erwachen tu,
wenn ich erwachen tu,
bin ich allein.

3. Es vergeht kein' Stund' in der Nacht,
da nicht mein Herz erwacht
und dein gedenkt,
dass du mir viel tausendmal,
dass du mir viel tausendmal
dein Herz geschenkt.

»► **1** *Harmonisieren Sie das Lied im Stil eines Volksliedes und notieren Sie die Harmonien im Notentext. Gestalten Sie eine einfache Begleitung unter Verwendung von Dreiklängen und interpretieren Sie das Lied mit Klavier oder Gitarre.*

Viele Volkslieder werden heute wiederentdeckt und in einer modernen Art bearbeitet. Dafür werden die Melodie und vor allem der Rhythmus variiert und instrumentale Zwischenspiele eingefügt. Auch finden Sept- und Sextakkorde in einer erweiterten harmonischen Bearbeitung ihre Verwendung.

»► **2** *Recherchieren Sie im Internet nach modernen Interpretationen des Liedes.* ↗ *S. 158 f.*

»► **3** *Entwickeln Sie eine eigene Fassung und gestalten diese mit einem Ensemble.*

Wie lieblich schallt Worte: Christoph von Schmid · Musik: Friedrich Silcher

Die Jagd wird traditionell mit Musik, meist von Jagdhörnern gespielt, begleitet. Aufgrund der Spieltechnik eigenen sich Prime, Terz, Quinte und Sexte besonders gut für die Gestaltung der zweiten Stimme.

»► **4** *Ergänzen Sie den Satz mit einer passenden zweiten Stimme. Singen Sie das Lied zweistimmig und finden Sie eine Interpretation, mit der Sie eine Echowirkung erzielen.*

Name: Kurs: Datum:

Stilkopie (1/4)

Renaissance

Die Stilkopie greift den Rhythmus eines typischen Renaissancetanzes auf, einer Galliarde. Tanzmusik wurde mit mehreren Durchgängen gespielt. Durch variierende Besetzung sorgten die Musiker für Abwechslung.

Ines Mainz

»► **1** *Entwickeln Sie ein Ensemblestück im Stil der Renaissance.*

a) *Setzen Sie die Melodie im 6/8-Takt fort. Beachten Sie dabei, dass Sie immer zwei Takte vom Original zusammenfassen müssen. Überlegen Sie sich eine Schlusswendung für die Takte 7 und 8 ähnlich der in den Takten 3 und 4.*

b) *Schreiben Sie über die Melodie die passenden Harmonien.*

c) *Ergänzen Sie die Bassstimme rhythmisch mit den dazugehörigen Quinten. Finden Sie für die Rhythmusstimme einen Schluss.*

d) *Legen Sie die Besetzung für das gemeinsame Musizieren fest: ein Melodieinstrument oder auch mehrere, Bass- und Harmonieinstrumente sowie das Instrumentarium für den Rhythmus.*

e) *Musizieren Sie gemeinsam mehrere Durchgänge und legen Sie dafür einen Ablaufplan fest.*

Name: Kurs: Datum:

Stilkopie (2/4)

Barock

Ein Grundprinzip barocker Stimmführung ist die Gegenbewegung von Melodie und Bass. In der Regel sind im zweistimmigen Satz parallele Terzen und Sexten erlaubt, aber keine Quinten oder Quarten.

Ines Mainz

1 *Ergänzen Sie im Satz die fehlenden Bassnoten.*

2 *Legen Sie Artikulation und Dynamik fest. Fügen Sie einzelne Verzierungen ein und interpretieren Sie das Stück.*

Klassik

Um das Lied wie ein Klavierstück im Stile der Klassik erscheinen zu lassen, können Sie sich an einigen ausgewählten Merkmalen der Kompositionstechnik von Wolfgang A. Mozart orientieren. Verwenden Sie in der Begleitung gebrochene Dreiklänge, umspielen und variieren Sie die Melodie auch mit Verzierungen oder fügen Sie eine Tonleiter ein und nutzen Sie für die Schlusswirkung einen Vorhalt.

Ines Mainz

3 *Ergänzen Sie die fehlenden Takte und spielen Sie das Stück auf dem Klavier.*

Name: Kurs: Datum:

Stilkopie (3/4)

Romantik

Für eine Gestaltung im Stil der Romantik dient Frédéric Chopin als Vorbild. Dabei werden die Harmonik um Septakkorde erweitert und die Melodie virtuos durch die Verwendung von Chromatik variiert.

Ines Mainz

⟫➤ **1** *Entwickeln Sie ein romantisches Klavierstück.*
a) *Passen Sie zunächst den Rhythmus der Melodie der veränderten Taktart an und fügen Sie im vorletzten Takt eine chromatische Tonleiter ein.*
b) *Probieren Sie, an welchen Stellen Sie Septakkorde in der Harmonisierung verwenden können.*
c) *Gestalten Sie die Begleitung, indem Sie die Akkorde wie in den vorgegebenen Takten aufteilen. Achten Sie darauf, dass die Unterstimme nicht immer mit dem Grundton der jeweiligen Harmonie beginnt, sondern beispielsweise auch mit der Terz oder der Septime, damit sich eine ansprechende Basslinie entwickelt.*

Zeitgenössische Postkarte

Name: Kurs: Datum:

Stilkopie (4/4)

Spätromantik

Im ausgehenden 19. Jahrhundert werden oft weit voneinander entfernt liegende Harmonien von ♯- und ♭-Tonarten miteinander in Bezug gesetzt, wie beispielsweise in der Musik Gustav Mahlers. Die Funktionsharmonik der Kadenz, die im Grunde auf den Spannungsverhältnissen zwischen Dominante und Subdominante zur Tonika basiert, löst sich auf.

Ines Mainz

1 *Entwickeln Sie eine spätromantische Stilkopie.*

a) *Teilen Sie die Fortsetzung der Melodie mit ruhigen Notenwerten in 2/4- oder 4/4-Takte auf. Notieren Sie unter den Noten den Liedtext.*

b) *Experimentieren Sie mit möglichen Dur- oder Moll-Dreiklängen, die den jeweiligen Melodieton enthalten und entwickeln Sie eine Harmonisierung mit ♯- und ♭-Tonarten.*

c) *Versuchen Sie die Basslinie in Gegenbewegung zur Melodie zu gestalten.*

Name:	Kurs:	Datum:

A. Schönberg *A Survivor from Warsaw*

Die Zwölftonreihe

Grundreihe

Krebs

Umkehrung

Krebs der Umkehrung

»► **1** *Notieren Sie Krebs und Umkehrung der Grundgestalt sowie den Krebs der Umkehrung.*

Die vier Grundformen (Modi) können auf alle Tonstufen der chromatischen Skala transponiert werden, womit sich 48 Reihen ergeben. Die Transposition der Grundreihe auf den Anfangston f würde in diesem Beispiel als „G –1“ bezeichnet.

»► **2** *Finden Sie die genaue Bezeichnung für die auf ↗ S. 83 abgebildete Umkehrung.*

Der Sprechertext

I cannot remember ev’rything. I must have been unconscious most of the time. (...) The day began as usual: Reveille[1] when it still was dark. Get out! Whether you slept or whether worries kept you awake the whole night. You had been separated from your children, from your wife, from your parents; you don’t know what happened to them – how could you sleep? The trumpets again – Get out! (...) The Feldwebel shouts: „Achtung! Stilljestanden! Na wirds mal! Oder soll ich mit dem Jewehrkolben nachhelfen? Na jut; wenn ihrs durchaus haben wollt!“ The sergeant and his subordinates hit everybody: young or old, quiet or nervous, guilty or innocent. – It was painful to hear them groaning and moaning. I heard it though I had been hit very hard, so hard that I could not help falling down. (...) The next thing I knew was a soldier saying: “They are all dead”, whereupon the sergeant ordered to do away with us. There I lay aside – half conscious. I had become very still – fear and pain. Then I heard the sergeant shouting: „Abzählen!“ (...) „Rascher! Nochmal von vorn anfangen! In einer Minute will ich wissen, wie viele ich zur Gaskammer abliefere! Abzählen!“ They began again, first slowly: one, two, three, four, became faster and faster, so fast that it finally sounded like a stampede[2] of wild horses, and all of a sudden, in the middle of it, they began singing the Šəma’ Yiśro’ēl[3].

»► **3** *Identifizieren Sie die drei sprachlichen Ebenen im Text. Erläutern Sie aus dramaturgischer Sicht deren Verwendung und tragen Sie den Text entsprechend vor. Erklären Sie, warum Schönberg keine Gesangs-, sondern eine Sprechstimme einsetzt.*

1 Trompetenweckruf *(frz.* réveiller, wecken*)*
2 *(mex.-span.* estampida*)* Massenpanikbewegung einer Viehherde
3 Aussprache: Schma Jisrael *(hebr.)*, jüdisches Gebet

Name: Kurs: Datum:

B. Britten *Requiem aeternam* und *Kyrie*

Requiem aeternam Worte: Wilfred Owen · Musik: Benjamin Britten

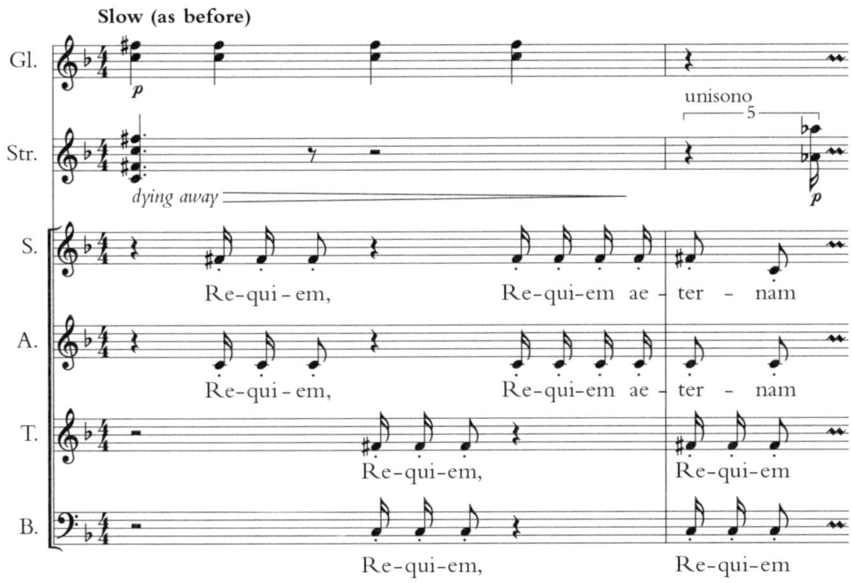

What Passing Bells – Kyrie Worte: Wilfred Owen · Musik: Benjamin Britten

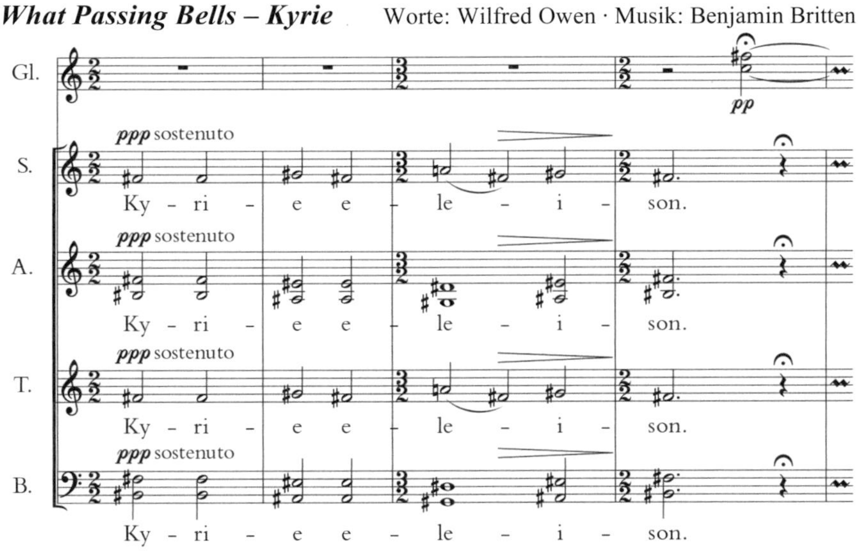

1 *Analysieren Sie mithilfe der Notenausschnitte kontrastierend das Text-Musik-Verhältnis. Fassen Sie in einer Tabelle zusammen, wie Britten im „Kyrie“ Taktart, Tonart, Intervalle, Rhythmik, Gesang (Artikulation) so geändert hat, dass trotz des wiederkehrenden Intervalls eine andere Wirkung entsteht.*

2 *Setzen Sie die musikalischen Befunde auf der Basis der Übersetzungen in Bezug zum Text.*

Übersetzungen

Requiem aeternam:
Ewige Ruhe schenke ihnen, o Herr; / es leuchte ihnen das ewige Licht!

Kyrie eleison:
Herr, erbarme dich.
Christus, erbarme dich.
Herr, erbarme dich.

What Passing Bells:
Was läutet man für die, verreckt wie Ratten? / Nur der Geschütze unbändige Wut, / Nur der Gewehre hastig rasches Knattern, / Sie stoßen aus ihr flüchtig Requiem. / Kein lächerlich Getu', Gebet, Geläut, / Auch keine Klagelieder, nur der Chor, / Der aus Schrapnellgekreische heulend schreit; / Und Hornsignal weither ruft an ihr Ohr. / Was leuchtet ihr mit Kerzen ihnen heim? / In keiner jungen Hand, in ihrem Blick / Wird scheinen Abschiedsglanz auf sie zurück. / Ihr Bahrtuch werden Mädchenstirnen sein, / Ihr Blumenstrauß die Zartheit stiller Ruh' / Und Dämmerung zieht dann den Vorhang zu."

Wilfred Owen: Anthem for Doomed Youth, September–Oktober 1917

Cornelsen
Autor: Jan-Peter Koch
Notensetzer: Holger Jeschke
Quellen Noten, Text und Übersetzungen: Ludwig Landgraf und Dietrich Fischer-Dieskau. © Boosey & Hawkes Music Publishers, mit freundlicher Genehmigung von Musikverlag Boosey & Hawkes/Bote & Bock GmbH, Berlin

Name:	Kurs:	Datum:

Another Brick In The Wall (1/2)

Teil 2

Roger Waters
Arrangement: Jan-Peter Koch

Cornelsen

Autor: Jan-Peter Koch
Notensetzer: Holger Jeschke
Quelle Noten und Text: We Don't Need No Education © Roger Waters Music Overseas Ltd., BMG Rights Management GmbH, Berlin

Name: Kurs: Datum:

Another Brick In The Wall (2/2)

Teil 2, Fortsetzung

Roger Waters
Arrangement: Jan-Peter Koch

⟫➤ **1** *Musizieren Sie das Stück und reflektieren Sie im Anschluss, wodurch Ihre Interpretation eine andere Nuancierung erhält.*

Autor: Jan-Peter Koch
Notensetzer: Holger Jeschke
Quelle Noten und Text: We Don't Need No Education © Roger Waters Music Overseas Ltd., BMG Rights Management GmbH, Berlin

Name: Kurs: Datum:

Das zweidimensionale Emotionsmodell (1/2)

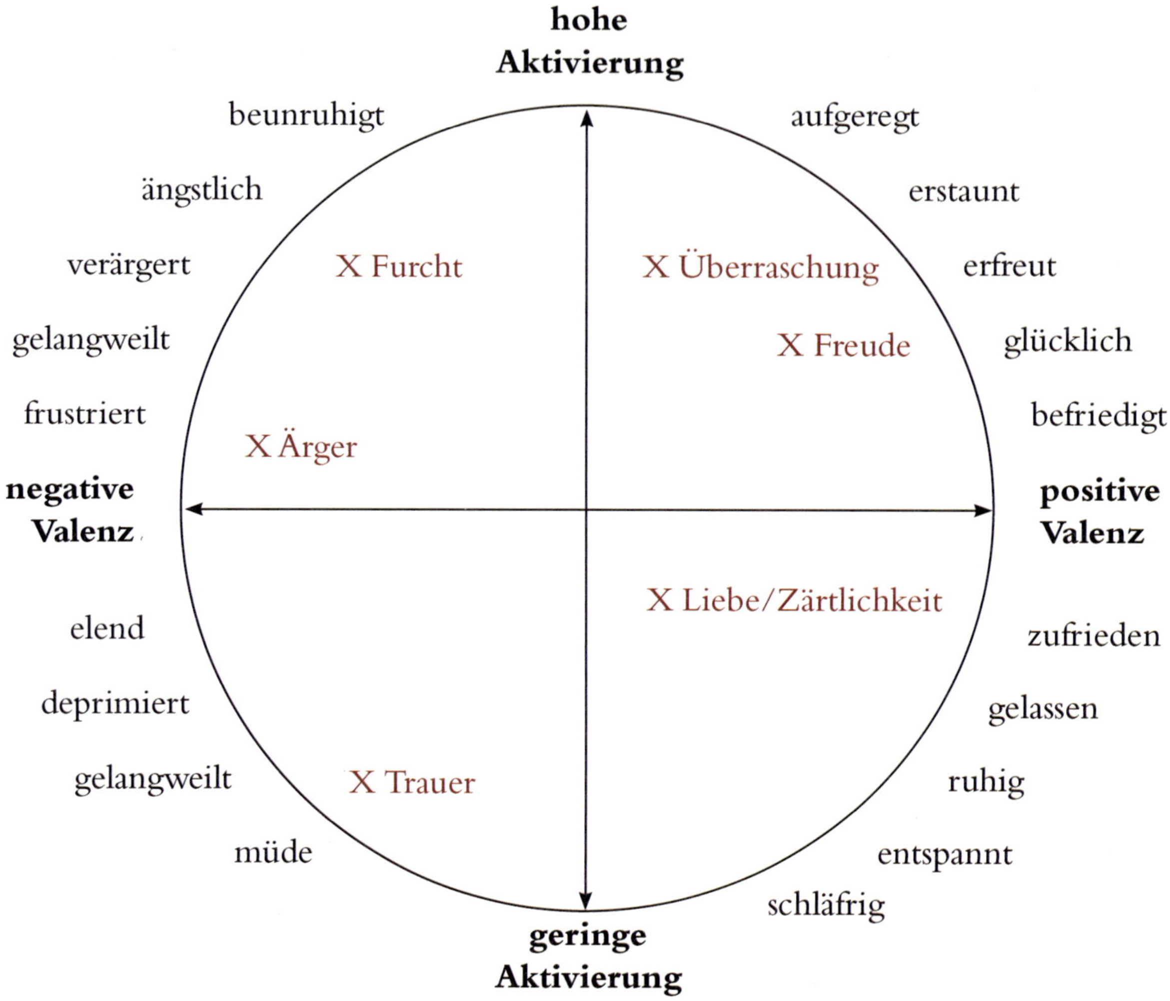

›► **1** *Finden Sie gemeinsam weitere Emotionen (Affekte). Bestimmen Sie einzeln deren Valenz und Aktivierung und positionieren Sie diese im zweidimensionalen Emotionsmodell. Vergleichen und diskutieren Sie Ihre Ergebnisse. Erklären Sie eventuelle Abweichungen.*

Name: Kurs: Datum:

Das zweidimensionale Emotionsmodell (2/2)

Arousal/Lebendigkeit: Grad der Aktivierung, Erregung, Ausprägung, Intensität		
schwach	musikalische Parameter	stark
langsam	Tempo	schnell
gleichmäßig	Metrum	ungleichmäßig
einfach	Rhythmus	komplex
	Agogik (Temposchwankungen)	
	Frequenz (Tonhöhe)	
unscharf	Melodie: Kontur Richtung Tonumfang Bewegung Notendichte	scharf, klar
legato		staccato
niedrig	Dynamik (Lautstärke)	hoch
kleine Besetzung, solistisch	Instrumentation	große Besetzung, orchestral
niedrig, homogen, einförmig	Varianz der Parameter	hoch, heterogen, abwechslungsreich
Valenz/Wertigkeit: Erfreulichkeit		
unangenehm	musikalische Parameter	angenehm
Moll	Tongeschlecht	Dur
atonal	Tonalität	tonal
	Harmonik	
dunkel		hell

»► **2** *Vervollständigen Sie die Tabelle.*
a) *Bestimmen Sie gemeinsam die gegensätzlichen Pole der angeführten Parameter.*
b) *Finden Sie die passenden Parameter zu den vorgegebenen Antonymen (Gegensatz-Wortpaaren).*
c) *Überlegen Sie, welche Wirkungen von Parametereigenschaften genetisch veranlagt und welche erlernt sein könnten.*
d) *Welche Parameter kennzeichnen Ihre bevorzugten Musikrichtungen am besten?*

Name: Kurs: Datum:

Eigenes Leadsheet: *Imagine*

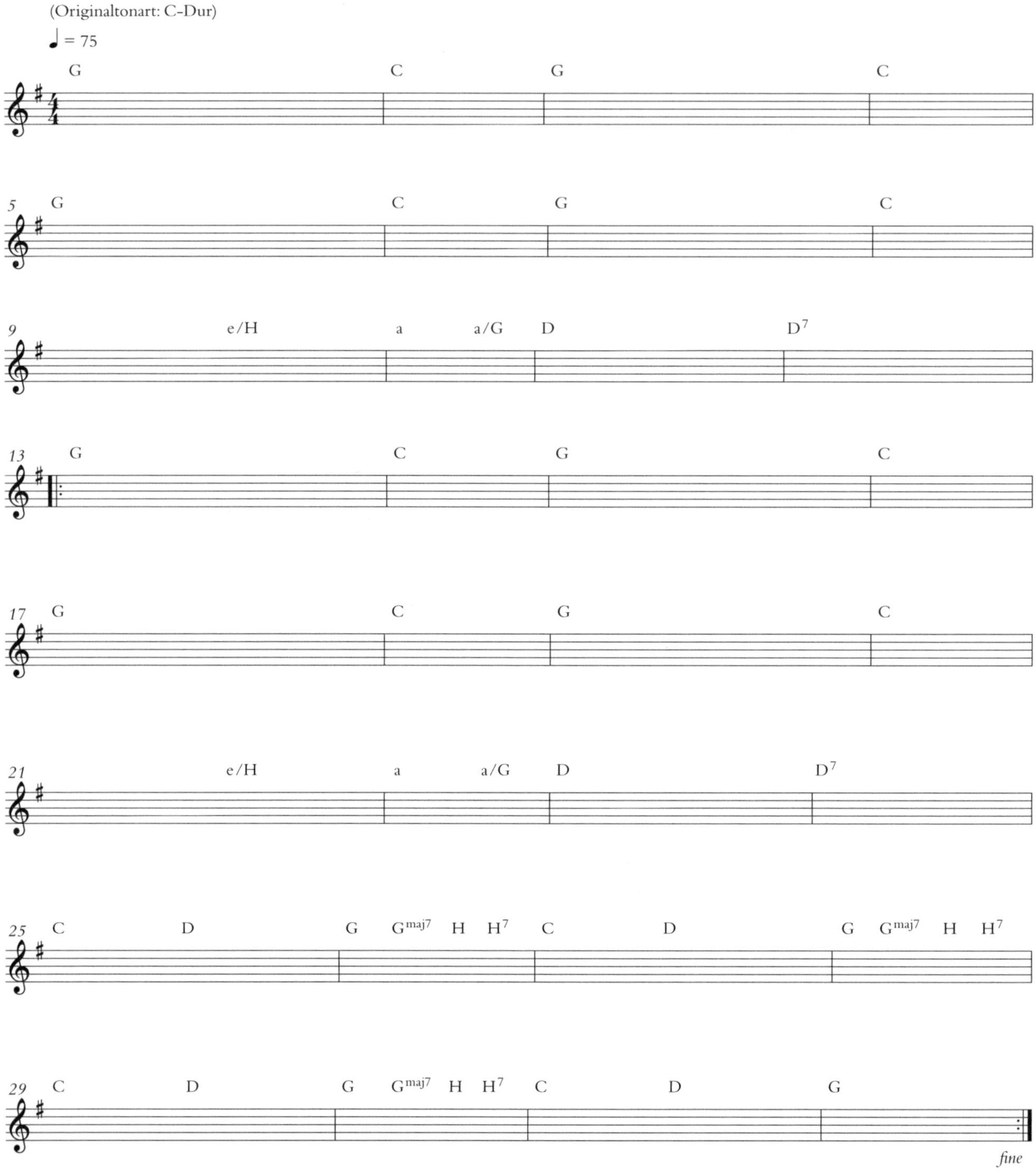

1 *Erstellen Sie selbst ein Leadsheet, singen und musizieren Sie den Song.*
a) *Hören Sie sich „Imagine" mehrfach im Internet an und erfassen Sie den Songtext zunächst separat. Notieren Sie die Melodie in die vorgegebenen Takte. Ergänzen Sie anschließend mit entsprechender Silbenverteilung den Text direkt unter den Noten.* ↗ S. 22, 233
b) *Musizieren Sie „Imagine" und analysieren Sie Text und Musik. Nehmen Sie Ihre Version auf. Orientieren Sie sich bei Ihrer Analyse an den Arbeitshinweisen im Buch.* ↗ S. 175

Cornelsen
Autor: Jan-Peter Koch
Notensetzer: Holger Jeschke

Name: Kurs: Datum:

Analyse: *My City of Ruins*

Bruce Springsteen

Parameter	Ergebnisse
Formaler Ablauf	
Instrumentation	
Melodik	
Harmonik	
Gesamtaussage	

1 *Analysieren Sie den Song, indem Sie die Tabelle ergänzen.* ↗ S. 175

2 *Diskutieren Sie, welche Bedeutung der mehrmals wiederholten Textstelle „Come on, rise up!" zukommen könnte. Bedenken Sie dabei, dass der Albumtitel „The Rising" lautet und das gesamte Album sich auf die Ereignisse von 9/11 bezieht.*

Cornelsen
Autor: Jan-Peter Koch
Notensetzer: Holger Jeschke
Quelle Noten und Text: Bruce Springsteen Music, Rondor Musikverlag GmbH, Berlin

Name: Kurs: Datum:

Musikalischer Künstlerroman

Alessandro Baricco: „Novecento“

„Wir spielten drei-, viermal am Tag. Zuerst für die Reichen in der Luxusklasse und dann für die aus der zweiten Klasse, und manchmal gingen wir zu den armen Schluckern von Auswanderern und spielten für sie, aber ohne Uniform, so wie es gerade kam, und manchmal spielten auch sie, zusammen mit uns. Wir spielten, weil der Ozean groß ist und angst macht, wir spielten, damit die Leute nicht merkten, wie die Zeit verging, und damit sie vergaßen, wo sie waren und wer sie waren. Wir spielten, damit sie tanzten, denn wenn du tanzt, kannst du nicht sterben, und du fühlst dich wie Gott. Und wir spielten Ragtime, denn das ist die Musik, nach der Gott tanzt, wenn es niemand sieht. Nach der Gott tanzen würde, wenn er ein Schwarzer wäre.“

Werbeplakat für die „Cunard Line“, 20. Jh.

1 *Stellen Sie ein Programm für ein Kapitänsdinner der ersten Klasse zusammen, und machen Sie sich Gedanken zur Musik der Auswanderer unter Deck.*

2 *Suchen Sie nach historischen Tonaufnahmen aus jenen Jahren, die sich als Bühnenmusik verwenden ließen.*

3 *Recherchieren Sie, welches Musikangebot es auf heutigen Kreuzfahrtschiffen gibt.*

Zur Gattungsproblematik

„Ich habe diesen Text für einen Schauspieler, Eugenio Allegri, und einen Regisseur, Gabriele Vacis, geschrieben. Sie haben ein Schauspiel daraus gemacht, das auf dem Festival von Asti im Juli diesen Jahres Premiere hatte. Ich weiß nicht, ob das ausreicht, um zu behaupten, ich hätte ein Theaterstück geschrieben, ich habe da meine Zweifel. Jetzt, da ich es in Buchform sehe, scheint es mir eher ein Text zu sein, der auf dem schmalen Grat zwischen einem richtigen Bühnenstück und einer laut zu lesenden Erzählung schwankt. Ich glaube nicht, dass es einen Namen für diese Art von Texten gibt. Aber sei's drum. Ich finde, es ist eine schöne Geschichte, die es wert war, erzählt zu werden. Und der Gedanke, dass sie jemand lesen wird, gefällt mir. *A. B., September 1994*“

4 *Nehmen Sie das Buch von Alessandro Baricco zur Hand und erörtern Sie, welche Textmerkmale für die literarischen Gattungen der Dramatik einerseits und der Epik andererseits sprechen.*

5 *Untersuchen Sie den Buchtext unter der Fragestellung, ob sich darüber hinaus Stellen finden lassen, die als Lyrik auch für sich stehen könnten.*

6 *Projektidee: Organisieren Sie eine Lesung mit Musik. Suchen Sie dazu wichtige Szenen aus dem Buch, die vorgelesen werden, und erzählen Sie die dazwischen stattfindende Handlung in geraffter Form. Suchen Sie passende Musik, die Sie möglichst live darbieten, sowie einstimmende Klangatmosphären und Geräusche.*

Cornelsen
Autor: Katja Brunsmann
Quelle Bild: Agentur Bridgeman Images; Quelle Text: Alessandro Baricco: Novecento – Die Legende vom Ozeanpianisten. Aus dem Italienischen von Karin Krieger, Piper, München 1999, oben S. 15, unten Prolog S. 7

Name: Kurs: Datum:

Tanz und Gesellschaft: die Riverenza

In der Renaissance begann ein Tanz immer mit einer sogenannten Riverenza (*ital.* höfische Ehrfurchtsbezeigung, Verbeugung). Im Schülerbuch ist eine solche Eröffnung in einer historischen Darstellung abgebildet. ↗ S. 138
Sie bezieht sich auf das Tanzstück *Le Gratie d'Amore*. In diesem Fall wurde die Riverenza wie folgt ausgeführt:

- Bevor die Musik beginnt, werden die Füße nebeneinander in eine leicht geöffnete Position gebracht.
- Nach einer einleitenden Geste des linken Fußes nach vorn zieht man den Fuß rückwärts, bis die Fußspitze auf der Höhe der rechten Ferse ist.
- Beide Beine werden gebeugt und der Oberkörper neigt sich leicht dem Tanzpartner entgegen.
- Mit der Streckung der Beine werden die Füße wieder geschlossen und man erhebt sich auf eine halbe Spitze.

1 *Setzen Sie anhand der Abbildung und der Beschreibung den Beginn von „Le Gratie d'Amore" in Bewegungen um. Achten Sie auf Hand-, Fuß- und Körperhaltung der in der Abbildung dargestellten Personen.*

In der historischen Notation wird ein C-Schlüssel verwendet, der sich ganz am Anfang des Notensystems auf der ersten Notenlinie befindet. Er zeigt den Ton c' an.

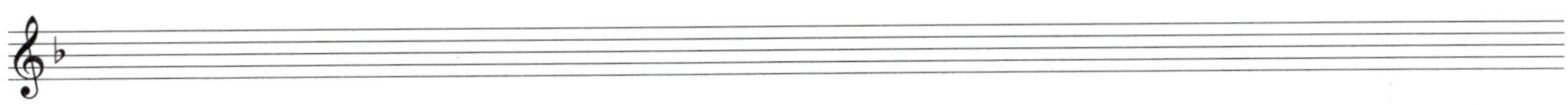

2 *Übertragen Sie die Notation in die heute verwendete Schreibweise, harmonisieren Sie die Takte und musizieren Sie diese.*

3 *Erfinden Sie einen thematisch und stimmungsmäßig zum Tanzbeginn passenden Sprechtext.*

Cesare Negri (1536–1604), italienischer Tänzer, Frontispiz der gleichnamigen Tanzsammlung „Le Gratie d'Amore", 1602

Name: Kurs: Datum:

Tanz: Bourrée

Bourrée aus der *Lautensuite Nr. 1 in e-Moll BWV 996* (Klavierfassung)

Johann Sebastian Bach

Tanzbeschreibung

Aufstellung: ein Tanzpaar, die Tänzer stehen nebeneinander.
Nachfolgend wird der linke Tänzer beschrieben, der rechte Tanzpartner setzt alle Figuren mit dem rechten Bein beginnend spiegelverkehrt um.

Takt 1
Zählzeit (ZZ) 1–3: Schritt links zur Seite, das rechte Bein wird zur selben Zeit seitlich angehoben.
ZZ 4: Das rechte Bein wird ohne Gewicht neben das linke gestellt (erste Position).

Takt 2
ZZ 1–3: Schritt rechts zur Seite, das linke Bein zur selben Zeit seitlich anheben.
ZZ 4: Das linke Bein ohne Gewicht neben das rechte stellen (erste Position).

Takt 3
ZZ 1–3: Mit dem linken Fuß beginnend drei Schritte in einem Bogen nach links laufen.
Diese drei kombinierten Schritte nennt man Pas de Bourrée[1].
ZZ 4: Der rechte Fuß wird wieder in die erste Position gestellt.

Takt 4
ZZ 1–3: Jetzt mit dem rechten Fuß beginnend den Bogen weiterführen (Pas de Bourrée).
ZZ 4: Der linke Fuß wird in die erste Position gestellt.

Takt 5
ZZ 1–3: Pas de Bourrée mit links beginnend.
ZZ 4: Der rechte Fuß wird herangeführt. In diesem Takt kreuzt sich der Weg der Tanzenden; einer lässt den anderen vor. (In einem gemischten Paar geht die Tänzerin vor dem Tänzer.)

Takt 6
ZZ 1–3: Pas de Bourrée mit rechts beginnend jetzt in einem Bogen nach rechts ausführen.
ZZ 4: Linken Fuß heranführen.

Takt 7
ZZ 1–3: Den Bogen nach rechts mit einem Pas de Bourrée fortführen, der links beginnt.
ZZ 4: Rechter Fuß ran.

Takt 8
ZZ 1–3: Ein letzter Pas de Bourrée mit rechts beginnend und in einem Linksbogen.
ZZ 4: Linker Fuß ran.
Hier steht das Paar wieder nebeneinander, die Tänzer haben aber die Tanzposition getauscht.

» **1** *Vergleichen Sie die Tanzbeschreibung mit der Darstellung im Schulbuch. Musizieren und tanzen Sie den Ausschnitt aus der Bourrée von Johann Sebastian Bach.* ↗ *S. 139*

1 Bourrée-Schritt (*frz.* pas [pɑ], Schritt, Pas de Bourrée [padbuRe])

Name: Kurs: Datum:

W. A. Mozart *Le nozze di Figaro* – Soziogramm

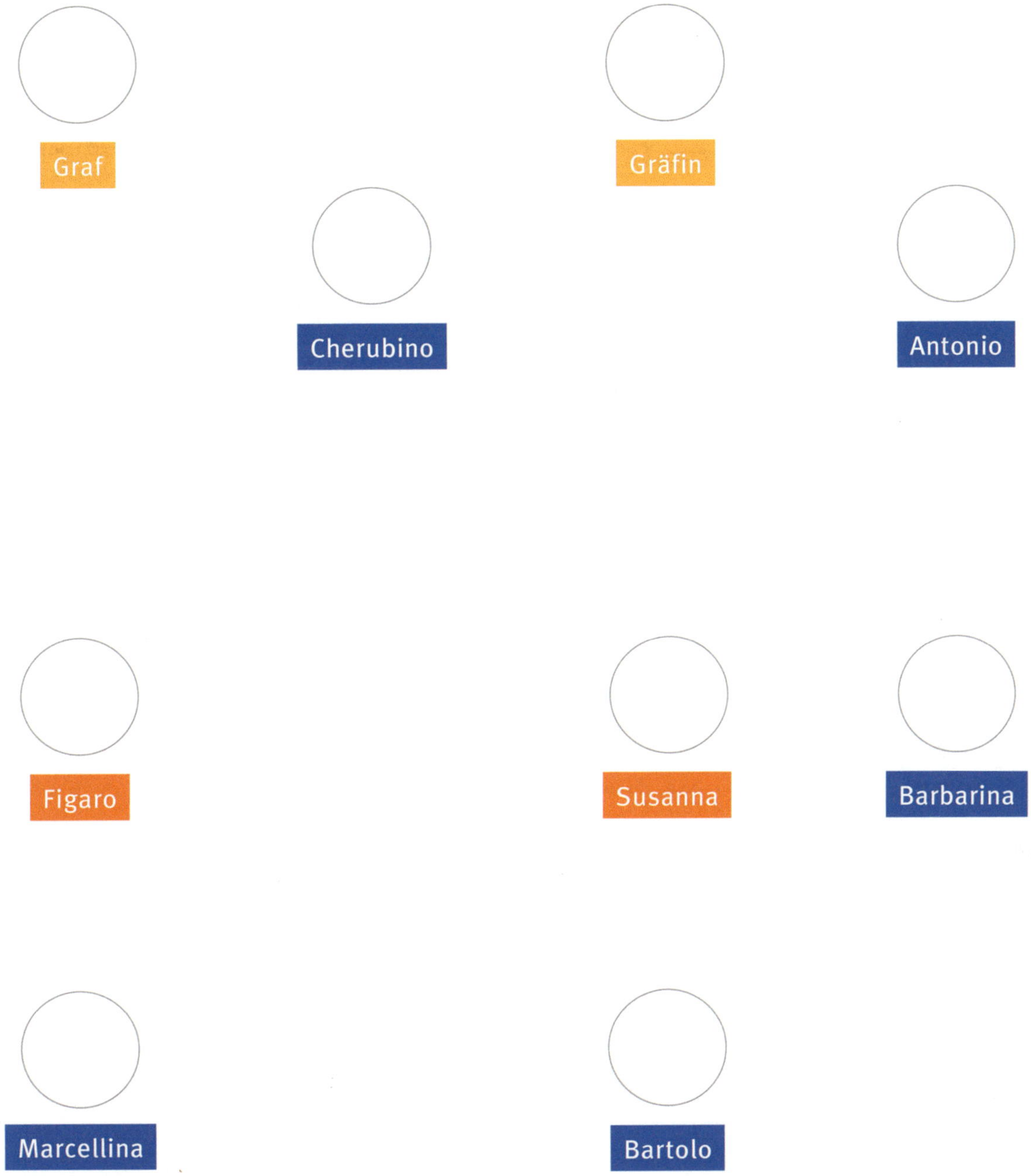

1 *Stellen Sie die Situation der beiden Paare Susanna und Figaro bzw. Gräfin und Graf zu Beginn der Oper in einem Soziogramm dar. Beziehen Sie in Ihre Überlegungen auch die Maskenentwürfe von Sergej J. Sudejkin mit ein.* ↗ *S. 141*

2 *Erweitern Sie das Soziogramm um Marcellina, Antonio, Barbarina, Cherubino und Bartolo.*

3 *Illustrieren Sie das Soziogramm mit Bildern der Protagonisten.*

Autor: Gernot Philipp
Illustrator: Rayan Abdullah

Name: Kurs: Datum:

Le nozze di Figaro – musikalische Charakterisierung

Kavatine

Wolfgang A. Mozart

1 *Hören Sie die Kavatine und belegen Sie mithilfe der Notenauszüge, wie Mozart Figaros Charakter musikalisch zeichnet. Wie tritt er dem Grafen gegenüber? Bestimmen Sie dazu den Tanz, den Figaro mit dem Grafen tanzen will.*

Name: Kurs: Datum:

Le nozze di Figaro – Synopse (1/3)

Akt/ Szene	Form	Handlung, Personen
		Ouvertüre (*Sinfonia*)
I/1	Duettino	(1) F. und S. messen ihr neues Zimmer im Schloss aus.
	Rezitativ	Sie diskutieren den Stellplatz des Bettes.
I/2	Duettino	(2) Anders als F. sieht S. eine Gefahr in der Lage des Zimmers.
	Rezitativ	S. erklärt F., der Graf könne das Recht der ersten Nacht einfordern.
I/3	Kavatine	(3) F. will den Grafen herausfordern. (*Se vuol ballare, signor contino*)
	Rezitativ	Bart. und M. schmieden Rachepläne gegen F., der M. einst die Heirat versprach.
	Arie	(4) Bart. will sich an F. rächen, weil dieser einst dem Grafen geholfen habe, Bart. Mündel zu entführen.
I/4	Rezitativ	M. und S. freuen sich auf die Hochzeit.
	Duettino	(5) M. und S. necken sich beim Verlassen des Zimmers.
I/5	Rezitativ	Ch. erzählt S. von seiner Entlassung als Page des Grafen.
	Arie	(6) Ch. ist verzweifelt.
I/6	Rezitativ	S. versteckt Ch. mithilfe des Sessels vor dem Grafen.
I/7	Rezitativ	Bas. verunsichert S., indem er auf die Liebeleien Ch.s anspielt.
	Terzett	(7) Der Graf erzählt von Ch. Liebeleien, Bas. fühlt sich bestätigt, S. ist bestürzt.
	Rezitativ	Graf und Bas. entdecken den versteckten Ch., S. beruhigt alle.
I/8	Chor	(8) Bauern und Bäuerinnen huldigen dem Grafen.
	Rezitativ	F. reizt den Grafen, S. versucht zu vermitteln.
	Chor	(9) Bauern und Bäuerinnen huldigen dem Grafen.
	Rezitativ	F. und S. überreden den Grafen, Ch. zu begnadigen; dieser ernennt ihn aber zum Offizier, statt ihm zu verzeihen.
	Arie	(10) F. spricht deshalb Ch. Mut zu.
II/1	Kavatine	(11) Die Gräfin sehnt sich in ihrem Zimmer nach ihrem geliebten Mann.
II/2	Rezitativ	Die Gräfin hört von S., wie der Graf jungen Frauen nachstellt; F. hat einen Plan, den Grafen mit einem Brief bloßzustellen.
II/3	Rezitativ	Gräfin empfängt Ch. zum Vortrag eines Liedes, S. stellt ihn vor.
	Ariette	(12) Ch. singt, S. begleitet das Ritornell auf der Gitarre.
	Rezitativ	Die Gräfin sieht, dass das Offizierspatent ungesiegelt ist; zusammen mit S. verkleidet sie Ch. als Frau.
	Arie	(13) S. frisiert Ch.

Abkürzungen

F.	Figaro	M.	Marcellina	Barb.	Barbarina
S.	Susanna	Ch.	Cherubino	Don C.	Don Curzio
Bart.	Bartolo	Bas.	Basilio	A.	Antonio

Name: Kurs: Datum:

Le nozze di Figaro – Synopse (2/3)

	Rezitativ	Gräfin stattet Ch. mit S. Hilfe mit einem Schmuckband aus.
II/4	Rezitativ	Der Graf klopft an der Tür; die Gräfin versteckt Ch. im Nebenzimmer.
II/5	Rezitativ	Der Graf hört Geräusche im Nebenzimmer; die Gräfin erklärt, es sei S.
II/6	Terzett	(14) Die Gräfin hält den Grafen davon ab, die Tür zum Nebenzimmer zu öffnen; S. kommt dazu, versteckt sich aber.
	Rezitativ	Der Graf will Werkzeug holen, um die verschlossene Tür aufzubrechen.
II/7	Duettino	(15) S. befreit Ch. aus dem Zimmer; er springt aus dem Fenster.
	Rezitativ	S. sieht dem fliehenden Ch. nach.
II/8	Rezitativ	Der Graf will die Tür aufbrechen; die Gräfin gesteht, dass Ch. drinnen sei.
	Finale	(16) Um ihn zu beruhigen, gibt die Gräfin ihrem Mann den Schlüssel.
II/9	Finale	Graf und Gräfin sind überrascht, S. im Zimmer vorzufinden.
II/10	Finale	F. möchte S. abholen; der Graf zeigt ihm den Brief; F. streitet dessen Kenntnis ab.
II/11	Finale	A. berichtet von der Flucht eines Mannes aus dem Fenster; F. behauptet, es gewesen zu sein. A. hat Ch. Offizierspatent gefunden; F. erklärt, es sei eine Abschrift.
II/12	Finale	M. fordert F. Eheversprechen ein; Bart. ist ihr Anwalt, Bas. Zeuge.
III/1	Rezitativ	Im Hochzeitssaal versucht der Graf, das Vorgefallene zu verstehen.
III/2	Rezitativ	Die Gräfin verabredet mit S. ein Verwechslungsspiel; S. erklärt dem Grafen, M. mit der von ihm versprochenen Mitgift bezahlen zu wollen.
	Duettino	(17) S. verabredet sich zum Schein mit dem Grafen am Abend im Garten.
	Rezitativ	S. bestärkt den Grafen in seinem Irrglauben, sie wolle ihn wirklich treffen.
III/3	Rezitativ	S. will F. von ihrem Plan erzählen.
III/4	Rezitativ	Der Graf schmiedet einen Plan, F. Hochzeit noch zu verhindern.
	Arie	(18) Der Graf freut sich über seinen Racheplan. (*Vedrò, mentr'io sospiro*)
III/5	Rezitativ	Don C. spricht das Urteil: F. soll M. heiraten oder bezahlen; F. will seine Eltern suchen; es stellt sich heraus, dass es M. und Bart. sind.
	Sextett	(19) S. kommt, um M. zu bezahlen; sie wird über F. Eltern aufgeklärt; der Graf und Don C. sind enttäuscht über die neue Entwicklung.
III/6	Rezitativ	S., F., M. und Bart. freuen sich über die neue Familiensituation.
III/7	Rezitativ	Barb. erklärt Ch., wie sie ihn als Landmädchen verkleiden will.
III/8	Rezitativ	Die Gräfin ist über die Ehebrüche des Grafen traurig; sie will mit S. am Abend im Garten die Kleider tauschen und den Grafen empfangen.
	Arie	(20) Die Gräfin wünscht sich die Liebe und Treue des Grafen zurück.
III/9	Rezitativ	A. berichtet dem Grafen, dass Ch. bei seiner Tochter Barb. ist.
III/10	Rezitativ	Die Gräfin diktiert S. einen Verabredungsbrief an den Grafen.
	Rezitativ	Sie siegeln den Brief mit einer Nadel.

Abkürzungen

F.	Figaro	M.	Marcellina	Barb.	Barbarina
S.	Susanna	Ch.	Cherubino	Don C.	Don Curzio
Bart.	Bartolo	Bas.	Basilio	A.	Antonio

Name: Kurs: Datum:

Le nozze di Figaro – Synopse (3/3)

III/11	Chor	(22) Landmädchen wollen der Gräfin Rosen bringen.
	Rezitativ	Die Gräfin nimmt Rosen vom verkleideten Ch. entgegen; sie und S. erkennen ihn.
III/12	Rezitativ	A. setzt Ch. seinen Offiziershut auf; Barb. bittet den Grafen, Ch. heiraten zu dürfen.
III/13	Rezitativ	F. will mit den Landmädchen tanzen; der Graf versucht, ihn als Lügner zu überführen; F. redet sich heraus.
	Finale	(23) F. möchte S. zur Hochzeit führen.
	Rezitativ	Die Gräfin drängt den Grafen, der auf Rache sinnt, zum Hochzeitszug.
III/14	Rezitativ	Graf und Gräfin schenken S. und M. die Hochzeitsausstattung; S. steckt dem Grafen heimlich ein Briefchen zu; F. beobachtet es.
IV/1	Kavatine	(24) Barb. sucht im Garten die Nadel, die ihr der Graf für S. gegeben hat.
IV/2	Rezitativ	F. tut so, als ob er von dem Brief wüsste; er hat heimlich die Nadel entwendet.
IV/3	Rezitativ	M. will F. trösten; der entwickelt schnell einen neuen Plan.
IV/4	Rezitativ	M. möchte sogleich S. alles berichten.
	Arie	(25) Sie beklagt die Untreue der Männer.
IV/5	Rezitativ	In einem anderen Teil des Gartens wartet Barb.
IV/6	Rezitativ	F. kommt, dann auch Bas. und Bart., die er als Zeugen braucht.
IV/7	Rezitativ	Bart. und Bas. sprechen über die Untreue von Adel und Angestellten.
	Arie	(26) Bas. singt davon, wie man sich im Leben manchmal verstellen muss.
IV/8	Rezitativ	F. ist von S. vermeintlicher Untreue enttäuscht.
	Arie	(27) F. hält alle Frauen für untreu.
IV/9	Rezitativ	Die Gräfin und S. verbergen sich verkleidet mit M. zwischen Hecken.
IV/10	Rezitativ	S. wartet auf den Grafen; die Gräfin geht fröstelnd in die Laube; F. beobachtet sie.
	Rezitativ	S. freut sich darauf, F. ihre Liebe zu beweisen.
	Arie	(28) S. erwartet ihre große Liebe. (*Rosenarie*)
IV/11	Rezitativ	F., Ch. und die Gräfin treffen aufeinander und wundern sich darüber.
	Finale	(29) Ch. macht der Gräfin statt der von ihm erwarteten S. Komplimente.
IV/12	Finale	Der Graf vertreibt Ch. und wendet sich der vermeintlichen S. zu, seiner Frau, der er einen Ring schenkt; F. behauptet, es kämen Leute; der Graf verschwindet im Gebüsch, die Gräfin in der Laube.
IV/13	Finale	F. erkennt S., zeigt es aber nicht gleich; beide gestehen sich ihre Liebe.
IV/14	Finale	Der Graf sucht seine erwartete S.; F. spielt mit S. als Gräfin eine Liebesszene, dann fliehen sie in die Laube.
IV/15	Finale	Alle spielen dem Grafen weiter ihre Rollen vor, bis die richtige Gräfin aus der Laube tritt. Bas., Don C., A., Bart. und der Graf erkennen die Verwechslung; alle freuen sich über den Sieg der wahren Liebe und gehen zur Hochzeit.

Abkürzungen

F.	Figaro	M.	Marcellina	Barb.	Barbarina
S.	Susanna	Ch.	Cherubino	Don C.	Don Curzio
Bart.	Bartolo	Bas.	Basilio	A.	Antonio

›› **1** *Verschaffen Sie sich einen Eindruck von der Handlung. Gehen Sie dabei von der Nummernfolge der vier Akte aus.*

Name: Kurs: Datum:

Le nozze di Figaro – Rollenbiografien

Person	Biografie	Stimmlage	Nummern
Graf Almaviva			
Gräfin Almaviva (Rosina)			
Susanna – Zofe der Gräfin			
Figaro – Kammerdiener des Grafen			
Cherubino – Page des Grafen			
Marcellina – Haushälterin			
Bartolo – Arzt			
Basilio – Musikmeister			
Don Curzio – Richter			
Barbarina – Antonios Tochter			
Antonio – Gärtner und Susannas Onkel			

Die Rollenbiografie soll aus der Sicht der jeweiligen Person geschrieben sein und muss alle Informationen über die Figur enthalten, die zu deren Verständnis wichtig sind, z. B. äußere Erscheinung, Fakten und Merkmale, Eigenarten oder Auffälligkeiten, innere Werte und Einstellungen, Sprache sowie Entwicklungen in Vergangenheit, Gegenwart und Zukunft.

»► **1** *Mozart nutzt die Vielzahl der Charaktere für Duette, Terzette und Ensemblenummern. Recherchieren Sie und fertigen Sie Rollenbiografien zu den Personen an. Ergänzen Sie jeweils die Stimmlage und die Nummern der Oper, an denen sie beteiligt sind.*

Name: Kurs: Datum:

Vergleich: musikalische Gestaltung (1/5)

Arie des Grafen aus *Le nozze di Figaro* (Klavierauszug)

Wolfgang A. Mozart

Name: Kurs: Datum:

Vergleich: musikalische Gestaltung (2/5)

Wolfgang A. Mozart

Name: Kurs: Datum:

Vergleich: musikalische Gestaltung (3/5)

Wolfgang A. Mozart

Name: Kurs: Datum:

Vergleich: musikalische Gestaltung (4/5)

Wolfgang A. Mozart

Name: Kurs: Datum:

Vergleich: musikalische Gestaltung (5/5)

Wörtliche Übersetzung des Textes

Während ich selbst leide,
soll ich meinen Diener glücklich sehen?
Und ein vergeblich begehrtes Wesen, muss er es besitzen?
Soll ich durch eine liebende Hand
mit einem Menschen niederer Herkunft jene verbunden sehen,
die in mir ein Gefühl erweckte,
welches sie für mich nicht hat?
Ah, nein, dir will ich nicht in Frieden
diese Freude gönnen;
du wurdest, Kühner, nicht geboren,
um mir Qualen zu bereiten,
und womöglich auch noch um zu lachen
über mein Unglück!
Schon die Hoffnung allein
auf meine Rache
tröstet diese (meine) Seele
und lässt mich frohlocken.

» 1 *Vergleichen Sie Figaros Kavatine mit der Arie des Grafen und arbeiten Sie die Unterschiede in der musikalischen Gestaltung heraus.*

» 2 *Betrachten Sie die Zeichnung: Welche Charaktermerkmale des Grafen werden durch seine Kostümierung unterstrichen? Setzen Sie diese in Bezug zur musikalischen Analyse seiner Arie.*

Charles Bétout (tätig 1900–1939), Figurine des Grafen Almaviva für eine Aufführung an der Opéra de Paris

Autor: Gernot Philipp
Übersetzer: Robert Fajen
Quelle Bild: akg-images/Joseph Martin

Name:	Kurs:	Datum:

Die Oper im Wandel – Stationen des Musiktheaters

UA	Werk	Gattung (Form)	Weitere Beispiele, Kommentar
	Claudio Monteverdi *L'Orfeo*		
	Giovanni Battista Pergolesi *La serva padrona*		
	Georg Friedrich Händel *Xerxes* (*dt. Serse*)		
	Christoph Willibald von Gluck *Orfeo ed Euridice*	Reformoper	Opernreform
	Wolfgang A. Mozart *Die Entführung aus dem Serail*		
	Ludwig van Beethoven *Fidelio*	(Befreiungsoper)	
	Carl Maria von Weber *Der Freischütz*	Romantische Oper	
	Jacques Offenbach *Orphée aux enfers*	Opera buffa (Operette)	
	Richard Wagner *Der Ring des Nibelungen*	(Opernzyklus, Tetralogie)	
	Jacques Offenbach *Les Contes d'Hoffmann*		
	Alban Berg *Wozzeck*	Oper (durchkomponiert, expressionistisch)	
	Kurt Weill *Die Dreigroschenoper*	Theaterstück mit ...	Vorlage:
	George Gershwin *Porgy and Bess*	Oper (durchkomponiert, Jazzeinflüsse i. S. v. Verismus)	Umarbeitung zum Musical (1942), Verfilmung (1959)
	Leonard Bernstein *West Side Story*	(Musiknummern)	Verfilmung (1961)
	Andrew Lloyd Webber *Jesus Christ Superstar*	(Musical mit Rockeinflüssen)	Vorabproduktion als Album (1970)

»► **1** *Ergänzen Sie die Jahre der Uraufführungen (UA), die Gattung sowie weitere Ihnen bekannte Musiktheaterwerke. Notieren Sie ggf. wichtige Fachwörter und Hintergrundinformationen in die Kommentarspalte.*

Name: Kurs: Datum:

A. Berg: *Wozzek* – Synopse (1/2)

Akt, Szene	Handlung, Personen	Ort und Zeit	Musikalische Form	
1. Akt, 1. Szene	Wozzeck rasiert den Hauptmann (W., H.)	Zimmer des Hauptmanns (frühmorgens)	Suite (11 Abschnitte)	Fünf Charakterstücke
1. Akt, 2. Szene	Wozzeck und sein Kamerad Andres schneiden Stöcke (W., A.)	Freies Feld, die Stadt in der Ferne (spätnachmittags)	Rhapsodie über drei Akkorde	
1. Akt, 3. Szene[1]	Marie beobachtet die Militärkapelle mit dem Tambourmajor an der Spitze (M. mit Kind, Mar., später: W.)	Maries Stube (Margret auf der Straße) (abends)	Militärmusik, Wiegenlied	
1. Akt, 4. Szene	Wozzeck als „Versuchsperson" beim Doktor (W., D.)	Studierstube des Doktors (sonniger Nachmittag)	Passacaglia (Thema mit 21 Variationen)	
1. Akt, 5. Szene	Marie lässt sich nach anfänglichem Zögern auf eine Affäre ein (M., T.)	Straße vor Maries Tür (Abenddämmerung)	Andante affetuoso	
2. Akt, 1. Szene	Marie überdenkt ihre Situation, Wozzeck bringt Geld (M. mit Kind, W.)	Maries Stube (vormittags, Sonnenschein)	Sonatensatz	Sinfonie in fünf Sätzen
2. Akt, 2. Szene	Hauptmann und Doktor begegnen sich, Wozzeck hetzt heran, seine Eifersucht wird geweckt (H., D., später: W.)	Straße in der Stadt (Tag)	Invention und Fuge	
2. Akt, 3. Szene	Wozzeck stellt Marie zur Rede, erste Mordpläne mischen sich in seine Erregung (W., M.)	Straße vor Maries Wohnungstür (früher Tag)	Largo für Kammerorchester (Anlehnung an Schönberg op. 9)	

1 Szene mit Bühnenmusik

Abkürzungen sowie die zugehörigen Bezeichnungen in der Partitur

Wozzeck (W.)	Bariton und Sprechstimme
Marie (M.)	Sopran
Hauptmann (H.)	Tenorbuffo
Doktor (D.)	Bassbuffo
Tambourmajor (T.)	Heldentenor
Andres (A.)	Lyrischer Tenor und Sprechstimme
Margret (Mar.)	Alt

Außerdem:
(G.) Gäste im Wirtshaus (einschließlich M. und T.), in der Partitur: Burschen, Soldaten und Mägde

Name: Kurs: Datum:

A. Berg: *Wozzek* – Synopse (2/2)

Akt, Szene	Handlung, Personen	Ort und Zeit	Musikalische Form	
2. Akt, 4. Szene[1]	Tanz und Gesang im Wirtshaus, Wozzeck sieht Marie mit dem Tambourmajor tanzen (G., später: W.)	Wirtshausgarten (spätabends)	Scherzo mit drei Trios und Reprise (inkl. Ländler, Walzer)	Sinfonie in fünf Sätzen
2. Akt, 5. Szene	Wozzeck wird vom Tambourmajor gedemütigt (W., A., T.)	Wachstube in der Kaserne (nachts)	Introduktion und Rondo marziale	
3. Akt, 1. Szene	Marie liest in der Bibel, hofft auf Vergebung (M. mit Kind)	Maries Stube (nachts, Kerzenlicht)	Invention über ein Thema (7 Variationen und Fuge)	Fünf Inventionen
3. Akt, 2. Szene	Wozzeck ersticht Marie (M., W.)	Waldweg am Teich (es dunkelt)	Invention über einen Ton	
3. Akt, 3. Szene[1]	Wozzeck will sich von der Tat ablenken, Margret entdeckt Blut an seinen Händen (W., Mar. u. a.)	Eine Schenke (nachts, schwaches Licht)	Invention über einen Rhythmus	
3. Akt, 4. Szene	Wozzeck sucht die Mordwaffe, betrachtet die Leiche, geht im Wahn in den See (W., später: H., D.)	Waldweg am Teich (Mondnacht wie vorher)	Invention über einen Sechsklang	
3. Akt, 5. Szene	Maries Kind reitet auf einem Steckenpferd, während die anderen Kinder loslaufen, die Leiche anzuschauen	Vor Maries Haustür (heller Morgen, Sonnenschein)	Invention über eine fortlaufende Achtelbewegung	

1 Szene mit Bühnenmusik

Abkürzungen sowie die zugehörigen Bezeichnungen in der Partitur

Wozzeck (W.)	Bariton und Sprechstimme
Marie (M.)	Sopran
Hauptmann (H.)	Tenorbuffo
Doktor (D.)	Bassbuffo
Tambourmajor (T.)	Heldentenor
Andres (A.)	Lyrischer Tenor und Sprechstimme
Margret (Mar.)	Alt

Außerdem:
(G.) Gäste im Wirtshaus (einschließlich M. und T.), in der Partitur: Burschen, Soldaten und Mägde

1 *Überlegen Sie, warum bei einigen Rollen (wie im Falle des Tambourmajors) zusätzlich zur Stimmlage (z. B. Tenor) auch das sogenannte Stimmfach angegeben wird. Recherchieren Sie weitere Opernstimmfächer.*

Name: Kurs: Datum:

Merkmalskatalog Volkslieder

Untersuchungsgegenstand		Volkslied 1:	Volkslied 2:	Volkslied 3:
Herkunft	Verfasser			
	Verbreitung			
Musikalische Merkmale	Ambitus			
	Tonalität			
	Form			
Textliche Merkmale	Thematik			
	Reime			
	Dialekt			
Musikpraxis	Singanlass			
	Solo/Gruppe			

1 *Tragen Sie Merkmale von Volksliedern zusammen. Stellen Sie eine Übersicht Ihnen bekannter Volkslieder zusammen und ergänzen Sie sie durch eine Umfrage unter Probanden unterschiedlichen Alters.*
Wählen Sie drei Volkslieder aus. Überprüfen Sie Ihren Merkmalskatalog an den Beispielen und ergänzen Sie bei Bedarf.

Autoren: Margrit Bethin, Georg Maas

Name: Kurs: Datum:

J. S. Bach *Matthäus-Passion* – Synopse (1/3)

Die Personen: Evangelist (Tenor), Jesus (Bass), Judas (Bass), Petrus (Bass), Hoherpriester (Bass), Pilatus (Bass), 1. und 2. Magd (Sopran), 1. und 2. Priester (Bass), Pilatus' Frau (Sopran), zwei Zeugen (Alt und Tenor)

Weitere Vokalbesetzung: Sopran, Alt, zwei Chöre

Wesentliche Textquellen: Matthäus-Evangelium (Matthäus Kapitel, Abkürzung Mt 26 und 27) aus der Bibel, Picander (Christian Friedrich Henrici), Choräle von Paul Gerhardt

Erster Teil

Der Eröffnungschor mit einem Text von Picander fasst die kommende Handlung und ihre Bedeutung für die Christen zusammen.
Der Evangelist berichtet, wie Jesus seinen Jüngern ankündigt, dass er gekreuzigt werden wird. Darauf folgt der mitfühlende Choral *Herzliebster Jesu, was hast du verbrochen.*
Die Hohepriester beschließen, Jesus zu verhaften. Dabei hilft ihnen Judas, der verrät, wo sich Jesus aufhält. In der Arie *Blute nur, du liebes Herz* klagt der Sopran über den Verräter.
Als Jesus gemeinsam mit Judas und seinen elf anderen Jüngern zum letzten Abendmahl zusammensitzt, zeigt sich, dass er von dem Verrat weiß.

Rezitativ (Evangelist, Jesus) (Mt 26, 22)
Jesus: Wahrlich, ich sage euch: Einer unter euch wird mich verraten.
Evangelist: Und sie wurden sehr betrübt und huben an, ein jeglicher unter ihnen, und sagten zu ihm: (Chor) Herr, bin ich's?

Choral (P. Gerhardt): Ich bin's, ich sollte büßen, / an Händen und an Füßen / gebunden in der Höll. / Die Geißeln und die Banden / und was du ausgestanden, / das hat verdienet meine Seel.

Der Sopran singt im Gegensatz dazu eine Arie voller Vertrauen auf Jesus: *Ich will dir mein Herze schenken.*

In der Nacht gehen Jesus und seine Jünger auf den Ölberg. Er kündigt an, dass selbst sein treuer Jünger Petrus ihn verleugnen wird, ehe der Hahn kräht. Doch Petrus widerspricht.
Choral (P. Gerhardt, *O Haupt voll Blut und Wunden*, 6. Strophe): Ich will hier bei dir stehen, / verachte mich doch nicht! / Von dir will ich nicht gehen, / wenn dir dein Herze bricht. / Wenn dein Haupt wird erblassen / im letzten Todesstoß, / alsdann will ich dich fassen / in meinen Arm und Schoß.

Jesus betet auf dem Ölberg; er hat große Angst. In einem Wechselgesang zwischen Tenor und Chor wird die Qual Jesu verdeutlicht: *Hier zittert das gequälte Herz.* Gleichzeitig wird der Mensch in die Verantwortung genommen, für den Jesus am Kreuz sterben wird: *Was ist die Ursach aller solcher Plagen?*
Judas verrät den Soldaten durch einen Kuss auf dessen Wange, wer Jesus ist. Der Sopran singt in einer mitfühlenden Arie von Jesu Gefangennahme, während der Chor mit schnellen Einwürfen *Lasst ihn, haltet, bindet nicht!* versucht, diese zu verhindern.
Chor (Picander): Sind Blitze, sind Donner in Wolken verschwunden? / Eröffne den feurigen Abgrund, o Hölle, / zertrümmre, verschlinge, verderbe, zerschelle / mit plötzlicher Wut / den falschen Verräter, das mördrische Blut.
Jesus wird abgeführt, seine Jünger fliehen voller Angst. Der Choral *O Mensch, bewein dein Sünde groß* beschließt den ersten Teil.

Name: Kurs: Datum:

J. S. Bach *Matthäus-Passion* – Synopse (2/3)

Zweiter Teil

Jesus wird vor den Hohepriester Kaiphas geführt. Falsche Zeugen sagen gegen ihn aus; Jesus schweigt zu den Vorwürfen. Die anwesende Volksmenge ist aufgeregt und befindet ihn mehrfach für schuldig. Jesus wird geschlagen und gequält.

Derweil sitzt Petrus draußen. Vorbeigehende Menschen fragen ihn, ob er nicht einer der Jünger Jesu sei. Dreimal verneint er. Da kräht der Hahn und Petrus weint voller Reue über seinen Verrat.
Auch Judas bereut seine Tat. Die Arie *Gebt mir meinen Jesum wieder* spiegelt Judas' Reue.

Rezitativ (Jesus, Pilatus, Mt 27,11–14)
Pilatus: Bist du der Juden König?
Evangelist: Jesus aber sprach zu ihm:
Jesus: Du sagest's.
Evangelist: Und da er verklagt war von den Hohenpriestern und Ältesten, antwortete er nichts.

Choral (P. Gerhardt, auf die Melodie *O Haupt voll Blut und Wunden*): Befiehl du deine Wege / und was dein Herze kränkt / der allertreusten Pflege / des, der den Himmel lenkt. / Der Wolken, Luft und Winden / gibt Wege, Lauf und Bahn, / der wird auch Wege finden, / da dein Fuß gehen kann. ↗ S. 31

Rezitativ (Evangelist, Pilatus, Frau des Pilatus) (Mt 27, 15–22)
Der Evangelist berichtet von der Gewohnheit, beim Fest einen Gefangenen loszugeben, den das Volk auswählt. Zum Zeitpunkt von Jesu Verurteilung gibt es den Gefangenen Barrabas. In diesem Augenblick tritt Pilatus' Frau hinzu und bittet für Jesus.

Pilatus' Frau: Habe du nichts zu schaffen mit diesem Gerechten; ich habe heute viel erlitten im Traum von seinetwegen.

Doch die Hohenpriester und die Ältesten wirken gegen Jesus auf das Volk ein.

Pilatus: Welchen wollt ihr unter diesen zweien, den ich euch soll losgeben?
Evangelist: Sie sprachen:
(Chor) Barrabbam!

Rezitativ (Mt 27, 23)
Evangelist: Pilatus sprach zu ihnen:
Pilatus: Was soll ich denn machen mit Jesu, von dem gesagt wird, er sei Christus?
Evangelist: Sie sprachen alle:
(Chor) Lass ihn kreuzigen!

Darauf fragt Pilatus, was Jesus denn getan habe. Der Sopran singt in Rezitativ und Arie von Jesu guten Taten, nennt den Grund für Jesu Leidensweg: *Aus Liebe will mein Heiland sterben.*

Nun muss Pilatus Barrabas begnadigen und Jesus zur Kreuzigung übergeben. Die Soldaten legen Jesus einen Purpurmantel an, setzen ihm eine Dornenkrone auf, verneigen sich vor ihm und lästern: *Gegrüßet seist du, Judenkönig.* Dann schlagen sie ihn.

Name: Kurs: Datum:

J. S. Bach *Matthäus-Passion* – Synopse (3/3)

Choral (P. Gerhardt, *O Haupt voll Blut und Wunden*, 1. und 2. Strophe): O Haupt voll Blut und Wunden, / voll Schmerz und voller Hohn, / o Haupt, zu Spott gebunden / mit einer Dornenkron, / o Haupt, sonst schön gezieret / mit höchster Ehr und Zier, / jetzt aber hoch schimpfieret, / gegrüßet seist du mir.
Du edles Angesichte, / dafür sonst schrickt und scheut / das große Weltgewichte, / wie bist du so bespeit, / wie bist du so erbleichet, / wer hat dein Augenlicht, / dem sonst kein Licht nicht gleichet, / so schändlich zugericht'?

Sie erreichen Golgatha, wo die Soldaten Jesus kreuzigen, seine Kleider untereinander verlosen und ihn erneut verspotten. Zur sechsten Stunde erscheint eine Sonnenfinsternis und zur neunten Stunde schreit Jesus laut auf: „Mein Gott, mein Gott, warum hast du mich verlassen?"

Rezitativ (Mt 27, 46)
Evangelist: Aber Jesus schrie abermals laut und verschied.

Choral (P. Gerhardt, *O Haupt voll Blut und Wunden*, 9. Strophe): Wenn ich einmal soll scheiden, / so scheide nicht von mir, / wenn ich den Tod soll leiden, / so tritt du denn herfür, / wenn mir am allerbängsten / wird um das Herze sein, / so reiß mich aus den Ängsten / kraft deiner Angst und Pein.

Am Abend erlaubt Pilatus, Jesus vom Kreuz zu nehmen und ihn zu beerdigen. Auf traditionelle Weise wird der Tote balsamiert, in ein Höhlengrab gelegt, vor dessen Eingang ein großer Stein gerollt wird. In einem letzten Rezitativ betrauern Bass, Tenor, Alt und Sopran im Wechsel mit den Chören den Tod Jesu.
Der Schlusschor rundet die Passion ab: *Wir setzen uns mit Tränen nieder und rufen dir im Grabe zu: Ruhe sanfte, sanfte ruh!*

Mathis Gothart Grünewald (um 1475/80–1528), Kreuzigung, Isenheimer Altar, um 1513/15, linker und rechter Außenflügel in geschlossenem Zustand

Name: Kurs: Datum:

Passion: Choralbearbeitungen (1/2)

O Haupt voll Blut und Wunden (Takte 1–4) Paul Gerhardt

»➤ **1** *Versuchen Sie Begleitakkorde zur Melodie des Chorals „O Haupt voll Blut und Wunden" zu finden. Beschränken Sie sich auf die Takte 1 bis 4. Sie können die Harmonien entweder in Vierteln oder in Halben fortschreiten lassen.* ↗ *S. 31*

Ich will hier bei dir stehen Worte: Paul Gerhardt · Satz: Johann Sebastian Bach

Name: Kurs: Datum:

Passion: Choralbearbeitungen (2/2)

Befiehl du deine Wege Worte: Paul Gerhardt · Satz: Johann Sebastian Bach

»➤ **1** *Spielen und singen Sie die Choralsätze der beiden Strophen „O Haupt voll Blut und Wunden“ und „Befiehl du deine Wege“. Vergleichen Sie die Harmonisierung von „O Haupt voll Blut und Wunden“ mit der abgedruckten Strophe im Buch. Gehen Sie dabei besonders auf die Takte 5 bis 8 ein.* ↗ *S. 168*

a) *Orientieren Sie sich anhand der Übersicht, an welchen Stellen der Passionsgeschichte die Strophen platziert wurden.* *73–75*

b) *Bestimmen Sie für jede Strophe die Tonart und deren Bedeutung für die Harmonien vor den beiden Doppelstrichen und auf der Fermate in Takt 8.*

c) *Vergleichen Sie die variierende Gestaltung der Takte 5 bis 8 und erläutern Sie, inwiefern die Textaussage einen Einfluss auf die unterschiedliche Harmonisierung hat.*

2 *Informieren Sie sich über die musikalischen Wurzeln des Chorals und neuere Bearbeitungen. Recherchieren Sie den Ursprung der Textvariante.* ↗ *S. 30 f.*

Name:	Kurs:	Datum:

Musikalische Bilder in den Passionen

	Lukas-Passion	*Matthäus-Passion*
Höranalyse	00:00–00:30 Erat autem fere hora sexta, et tenebrae factae sunt in universam terram usque in horam nonam. Et obscuratus est sol, et velum templi scissum est medium. Et clamans voce magna Iesus ait.	00:00–00:32 Sind Blitze, sind Donner in Wolken verschwunden?
	00:30–00:58 Pater, in manus tuas commendo spiritum meum.	00:32– 01:05 Eröffne den feurigen Abgrund, o Hölle, zertrümmre, verderbe, verschlinge, zerschelle mit plötzlicher Wut den falschen Verräter, das mördrische Blut.
	00:58–01:25 Consummatum est.	
Wort-Ton-Verhältnis	00:00–00:30	00:00–00:32
	00:30–00:58	00:32–01:05
	00:58–01:25	

Übersetzung des Textes der *Lukas-Passion*

Und es war schon um die sechste Stunde, da trat eine Finsternis ein über das ganze Land bis hin zur neunten Stunde, da die Sonne sich verfinsterte. Der Vorhang des Tempels aber riss mitten durch.
Und Jesus rief mit lauter Stimme:
„Vater, in deine Hände befehle ich meinen Geist. (...)
Es ist vollbracht.“

»➤ **1** *Stellen Sie tabellarisch gegenüber, welche Szenen und Bilder sowohl Penderecki als auch Bach beim Hören entstehen lassen und mit welchen Mitteln sie das erreichen.*

Name: Kurs: Datum:

Passacaglia

Passacaglia für Orgel BWV 582 Johann Sebastian Bach

›› 1 *Musizieren Sie dreistimmig die Basslinie und die beiden Oberstimmen. Hilfreich ist es, sich dazu die eigene Stimme farbig zu markieren.*

Klaviertranskription

›› 2 *Erstellen Sie aus der Orgelfassung einen Satz für Klavier. Ergänzen Sie die Takte und orientieren Sie sich an den spieltechnischen Möglichkeiten des Klaviers, damit der Satz auch in einem angemessenen Tempo spielbar ist. Aus diesem Grund werden beispielsweise nicht immer alle Noten und Phrasierungen übernommen. Verwenden Sie nur da Haltebögen, wo es unbedingt notwendig ist.*

Autor: Ines Mainz
Notensetzer: Holger Jeschke

Name: Kurs: Datum:

Der Jazzchorus

I Can't Give You Anything but Love Worte: Dorothy Fields · Musik: Jimmy McHugh

➤ **1** *Konzentrieren Sie sich auf den formalen Ablauf und bestimmen Sie die Taktanzahl und deren Phrasenlänge. Erläutern Sie die grundlegenden Unterschiede zum Blues. Finden Sie eine klassische Form, die diesem Ablaufmuster entspricht.*

2 *Suchen Sie nach interpretatorischen Abweichungen des Gesangs von der notierten Melodie („Rendering") in der Fassung des Quintette du Hot Club de France. Welche Ihnen bekannten jazztypischen Gestaltungsmittel kommen hier zur Anwendung?*

3 *Unterscheiden Sie im Notenbild diejenigen Stellen, an denen der Gitarrist Django Reinhardt Ihrer Meinung nach die Melodie interpretiert, von denjenigen, an denen er improvisiert. Begründen und diskutieren Sie Ihre Einschätzung.*

Cornelsen
Autor: Frank Liebscher
Notensetzer: Holger Jeschke
Quelle Noten und Text: EMI Music Publishing Germany GmbH, Berlin

Name: Kurs: Datum:

Untersuchung einer Zwölftonreihe

Anton Webern *Streichquartett Opus 28*

Zwölftonreihe Anton Webern

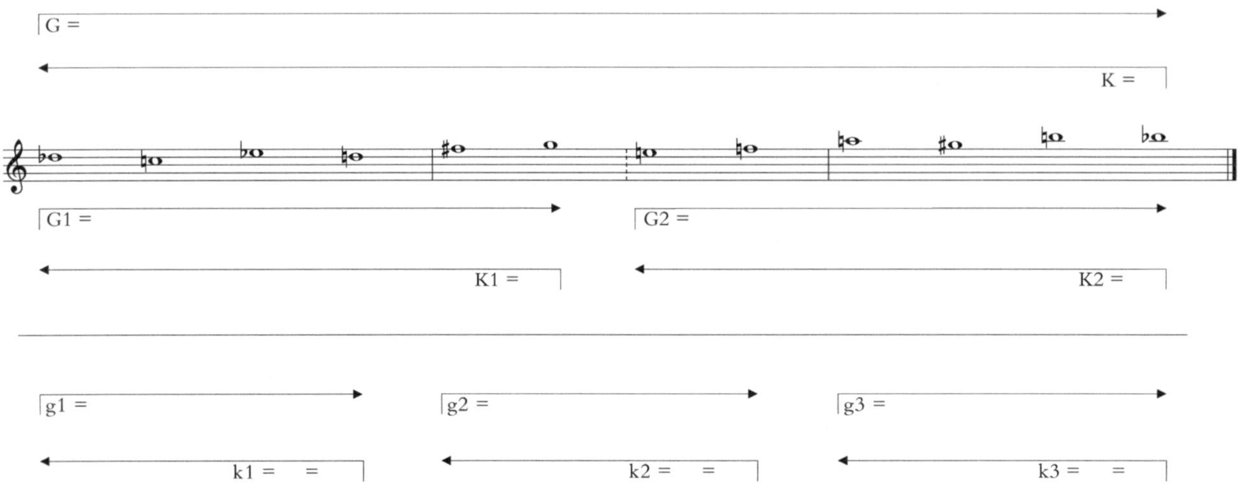

⟫➤ **1** *Untersuchen Sie die Reihe auf Symmetrien und Ähnlichkeiten. Wenden Sie dabei die Begriffe Grundgestalt (G), Krebs (K), Umkehrung (U) und Krebsumkehrung (KU) für die Modi an. Klären Sie die Bedeutung der Pfeile und beschriften Sie diese. Für die Zuordnung sind die Intervalle ausschlaggebend, nicht die absoluten Tonhöhen.*

Zwölftonreihe, transponiert um eine kleine Terz abwärts (G –4)

⟫➤ **2** *Entdecken Sie ein „Geheimnis“, indem Sie die Reihe eine kleine Terz abwärts transponieren.*

⟫➤ **3** *Informieren Sie sich über das Leben und Werk des Komponisten und die Zweite Wiener Schule.*

Anton Webern
*1883 in Wien
† 1945 in Mittersill, Salzburg

Cornelsen
Autor: Georg Maas
Notensetzer: Holger Jeschke
Quelle Bild: akg-images/IMAGNO/Votava

Name: Kurs: Datum:

Das klassische Instrumentalkonzert: Analyse

Konzert für Flöte und Harfe in C-Dur KV 299 Wolfgang A. Mozart

»➤ **1** *Analysieren Sie die formale Gestaltung der Orchesterexposition.*

a) *Markieren Sie in den Takten 1–10 Motive (auch transponierte), die eine Einheit bilden, mit unterschiedlichen Farben.*

b) *Vergleichen Sie die Takte 11 und 12 mit den Takten 15 und 16. Interpretieren Sie Ihren Befund auch in Hinblick auf die Erwartungshaltung der Zuhörer.*

c) *Welche Funktion erfüllen die Takte 13 und 14 zwischen den nahezu identischen Motiven?*

d) *Analysieren Sie den Verlauf der Modulation in den Takten 17–20.*

Autor: Ines Mainz
Notensetzer: Holger Jeschke

Name:	Kurs:	Datum:

Das klassische Instrumentalkonzert: Rondo

Im Instrumentalkonzert steht das Soloinstrument im Mittelpunkt und präsentiert sich vor allem in den schnellen Ecksätzen von seiner virtuosen Seite. Dies ist auch im *Doppelkonzert für Flöte und Harfe in C-Dur* von Wolfgang A. Mozart der Fall. Bei ihrem Einsatz wiederholt die Harfe den Beginn des Orchesters virtuos mit variierten Sechzehntelnoten in Oktaven, gebrochenen Dreiklängen und schnellen Läufen, das Orchester begleitet zurückhaltend.

Harfenstimme Wolfgang A. Mozart

⋙ **1** *Gestalten Sie den Ausschnitt für ein anderes Soloinstrument: Klavier, Violine oder Violoncello. Nutzen Sie dazu die jeweiligen spieltechnischen Möglichkeiten der Instrumente.*

Rondeau Wolfgang A. Mozart

⋙ **2** *Arbeiten Sie in Musiziergruppen.*

a) *Spielen und singen Sie das Thema mit der entsprechenden Begleitung. Beachten Sie den Altschlüssel in der Bratschenstimme. Die Melodie lässt sich auch eine Oktave tiefer singen.*

b) *Entwickeln Sie unterschiedliche Zwischenspiele in verschiedener Besetzung. Notieren Sie Ihre Ideen.*

c) *Gestalten Sie im Anschluss gemeinsam ein Rondo.*

Name:	Kurs:	Datum:

Mahlers *2. Sinfonie*: Analyse und Interpretation

2. Sinfonie in c-Moll, 5. Satz

Ausschnitt 1

Gustav Mahler

Ausschnitt 2

Gustav Mahler

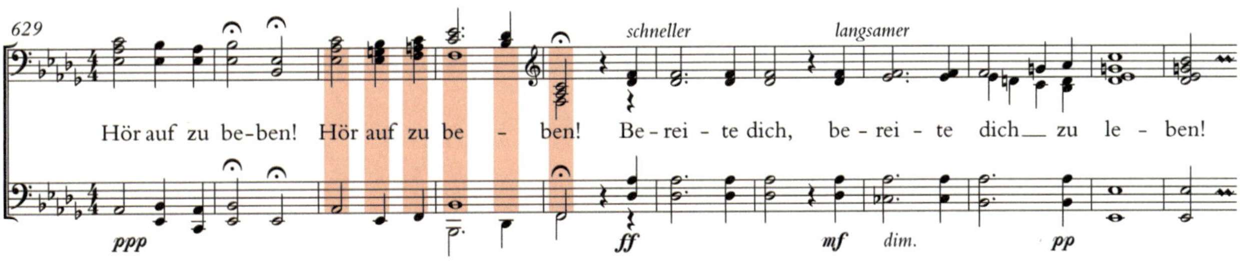

»► **1** *Entdecken Sie die Besonderheiten der Satzgestaltung bei Gustav Mahler.*

a) *Schreiben Sie über die farbig gekennzeichneten Akkorde die entsprechenden Harmonien, und erklären Sie Mahlers Vorgehensweise.*

b) *Betrachten Sie im ersten Ausschnitt Melodie- und Bassstimme. Benennen Sie satztechnische Unterschiede zur Romantik.* ↗ *S. 70*

c) *Singen Sie die Melodie des zweiten Ausschnitts und begleiten Sie sich am Klavier. Setzen Sie dabei die Interpretationshinweise von Mahler um. Summen Sie zunächst den Anfang und versuchen Sie dabei den leisesten für Sie möglichen Ton zu finden.*

Name: Kurs: Datum:

Shaker Song *O Lord, Make Me Pure*

Aus den USA

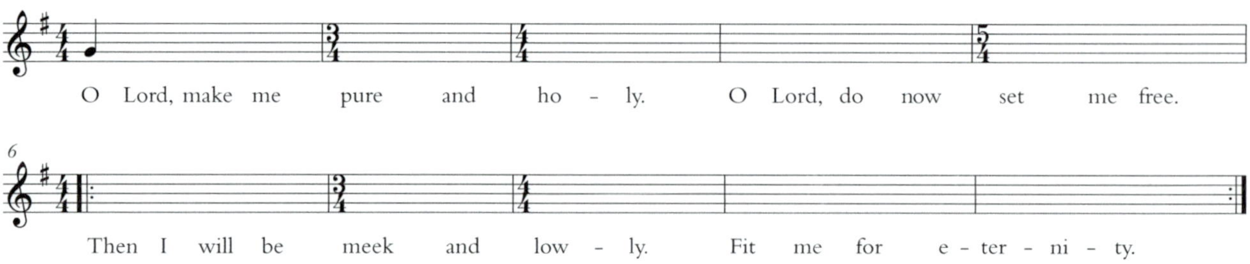

1 *Notieren Sie die Melodie des ersten Teils des Gebetsliedes von 1839. Beschreiben Sie das musikalische Material.*

2 *Recherchieren Sie Spuren der Shaker in der US-amerikanischen Kulturgeschichte und markieren Sie auf der Karte die Staaten, in denen noch Siedlungen der Shaker als Museen besichtigt werden können.*

3 *Tragen Sie in die Karte Orte und Staaten ein, denen Sie im Kapitel über die Musik der USA sowie im Kapitel „Musik und andere Künste" begegnen.*

Autor: Georg Maas
Notensetzer: Holger Jeschke
Illustrator: Rayan Abdullah

Name: Kurs: Datum:

Cowboy Song *Git Along Little Dogies*

Aus den USA
Arrangement: Frank Liebscher

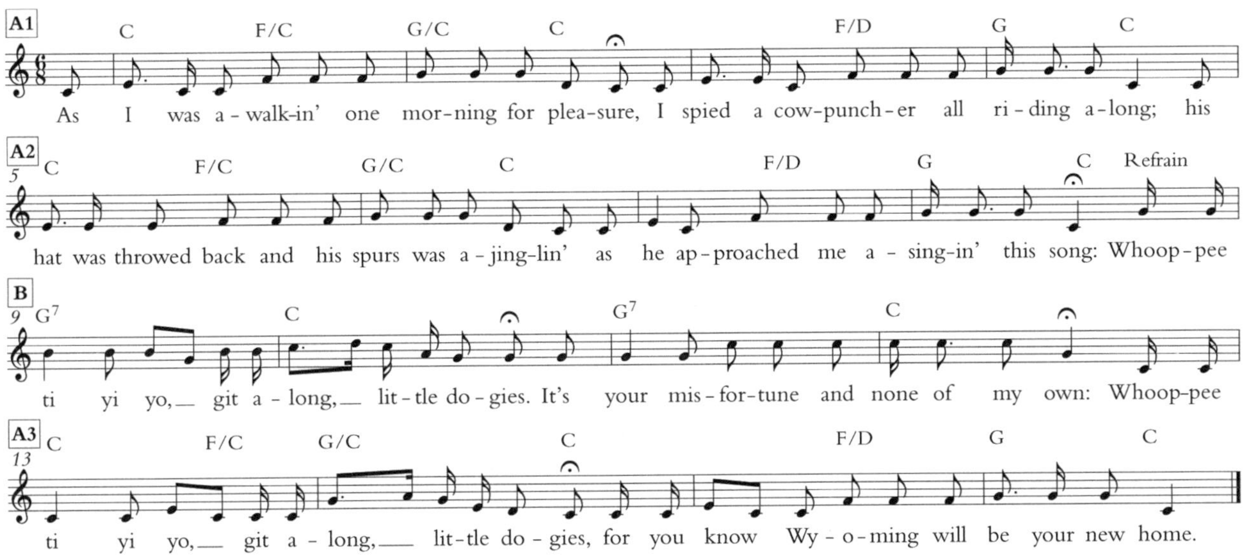

2. Early in the spring we round up the dogies,
mark 'em and brand 'em and bob off their tails;
drive up our horses, load up the chuck-wagon,
then throw the dogies out on the trail.

3. It's whoopin' and yellin' and a-drivin' them dogies;
oh, how I wish that you would go on.
It's a-whoopin' and punchin' and go on-a little dogies
for you know Wyoming is to be your new home.

4. Some boys go up the trail for pleasure,
but that's where you get it most awfully wrong;
for you haven't any idea the trouble they give us
while we go driving them along.

5. When the night comes on and we hold them on the bed-ground
these little dogies that roll on so slow;
round up the herd and cut out the strays,
and roll the little dogies that never rolled before.

6. Your mother she was raised way down in Texas,
where the jimson weed and sand-burrs grow;
now we'll fix you up on prickly pear and cholla
till you're ready for the trail to Idaho.

7. Oh, you'll be beef for Uncle Sam's injuns,
„It's beef, heap beef", I hear them cry.
Git along, git along, git along-a little dogies,
you're gonna be beef steers by and by.

Die Melodie ist in unterschiedlichen Varianten überliefert.
Die hier abgedruckte Fassung eignet sich besonders gut zum eigenen Musizieren.

1 *Singen und musizieren Sie den Cowboy Song.*
a) *Klären Sie zunächst den Textinhalt und seinen Bezug zur Arbeit der Cowboys.*
b) *Entwickeln Sie ein Arrangement und beachten Sie dabei musikalische Besonderheiten der Melodie.*

Name: Kurs: Datum:

Country Music: Zupfinstrumente

Resonatorgitarre (Dobro)

Banjo

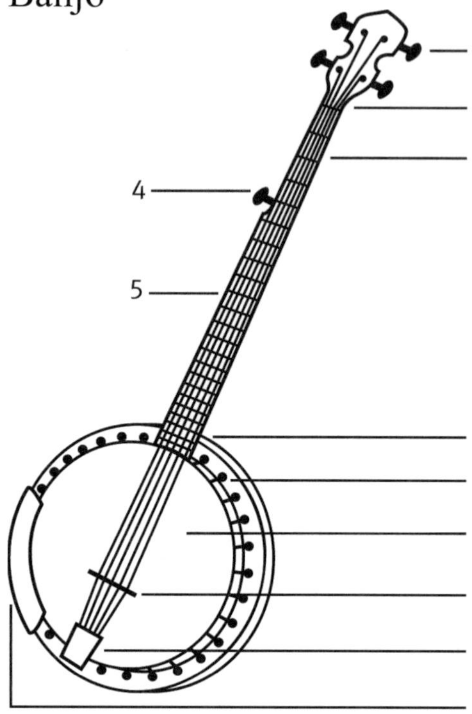

( ) Ärmelschützer ( ) Griffbrett mit Bünden (Bundstegen) ( ) Melodiesaite ( ) Melodiesaitenwirbel ( ) Metallrahmen mit Spannschrauben ( ) Pergamentdecke ( ) Resonator ( ) Saitenhalter ( ) Sattel ( ) Steg ( ) Wirbel

Ukulele

Pedal Steel Guitar

»► **1** *Ergänzen Sie die Legende zum Banjo, indem Sie den Bauteilen die entsprechenden Zahlen der Zeichnung voranstellen.*

»► **2** *Recherchieren und präsentieren Sie Hörbeispiele und Videos zu den Instrumenten. Identifizieren Sie Stile und beschreiben Sie besondere Spieltechniken.*

Name: Kurs: Datum:

Country Music: Lied und Begleitung

Red River Valley

Aus den USA
Begleitung: Ines Mainz

⟫► **1** *Singen und musizieren Sie das US-amerikanische Volkslied. Ergänzen Sie die Klavierbegleitung mit Gitarre, Tempelblocks und Schlagzeug.*

Name: Kurs: Datum:

Der dreistimmige Satz

Es wird schon gleich dunkel Aus Österreich

Im alpenländischen Raum werden Volkslieder oft mit drei gleichen Stimmen, beispielsweise Frauenstimmen, interpretiert. Der Satz beruht dabei lediglich auf Dreiklangsumkehrungen.

»➤ **1** *Vervollständigen Sie den Satz. Notieren Sie sich zunächst über der Melodie die passenden Harmonien und ergänzen Sie dann den Melodieton mit den fehlenden Dreiklangstönen. Beachten Sie, dass der Ton d' stets einstimmig gesungen wird, da es ansonsten für Frauenstimmen zu tief wird.*

All' mein' Gedanken Aus dem Lochamer Liederbuch, 1460

➤ **2** *Ergänzen Sie eine Bassstimme, indem Sie nur den Grundton der jeweiligen Harmonie verwenden, also beispielsweise bei h-Moll ein h. Musizieren Sie beide Notenbeispiele und begründen Sie, warum die erste Variante als ästhetisch ansprechender empfunden werden könnte.*

Name: Kurs: Datum:

Eine Melodie entsteht

»► **1** *Erfinden und notieren Sie eine 8-taktige Melodie. Damit die Melodie gut singbar ist, vermeiden Sie zu viele und extreme Intervallsprünge, halten Sie den Rhythmus einfach und beschränken Sie den Ambitus auf den Bereich c'–c''.*

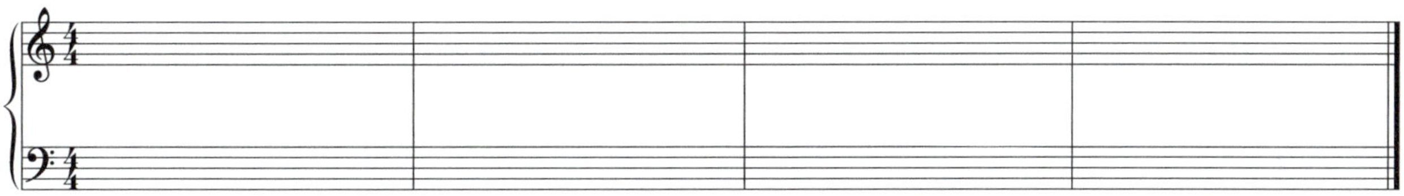

»► **2** *Orientieren Sie sich an der erweiterten Kadenz und probieren Sie unterschiedliche Harmonisierungen aus. Halten Sie den Akkordverlauf über der Melodie fest und notieren Sie ein einfaches Klavierpattern.* ↗ *S. 242*

Variante 1 (folgt der Hauptstimme im Rhythmus)

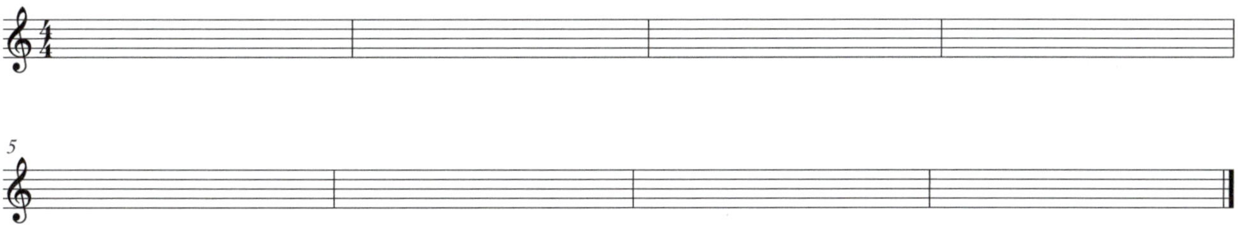

Variante 2 (mit eigener Rhythmik, z.B. auf Vokalisen)

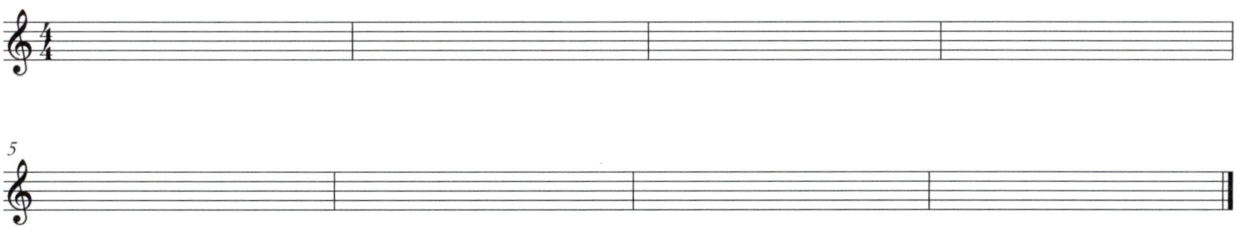

»► **3** *Skizzieren Sie Varianten für eine zweite Stimme.*

Name: Kurs: Datum:

Eine Harmoniefolge als Begleitung festlegen

1 *Spielen und singen Sie die vorgegebene Melodie auf Silben Ihrer Wahl, bis Sie sie gut im Ohr haben. Recherchieren Sie nach dem Gedicht „Still I Rise" von Maya Angelou und verteilen Sie den Text der ersten Strophe passgenau unter die Noten. Singen Sie die Melodie nun auf diesen Text.*

Tonika (I) | Tonika-parallele (VI) | Subdom. (IV) | Subdominant-parallele (II) | Dominante (V) | Dominant-parallele (III) | Tonika (I)

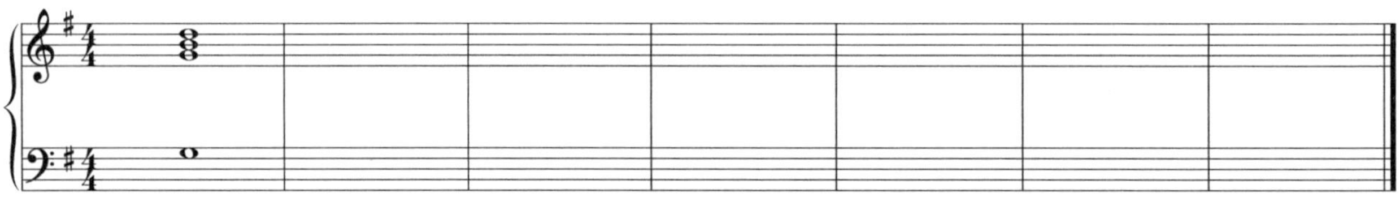

2 *Notieren Sie die erweiterte Kadenz gemäß den angegebenen Funktionen.*

Akkorde ________ ________ ________ ________

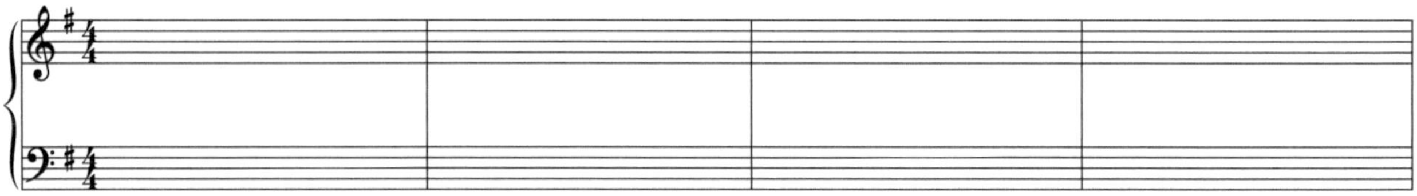

Akkorde ________ ________ ________ ________

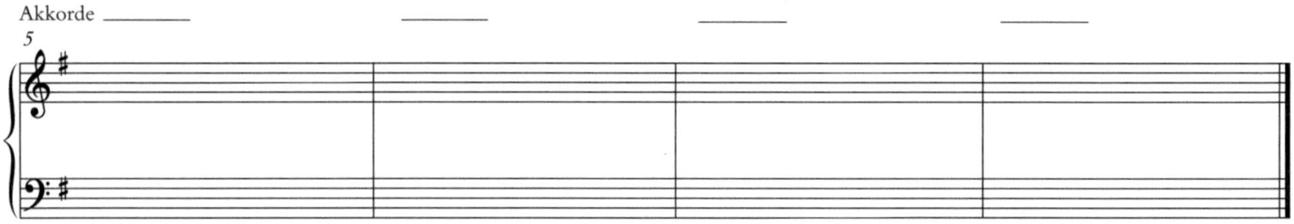

3 *Probieren Sie unterschiedliche Akkordfolgen mit nicht mehr als zwei Akkorden pro Takt aus. Wenn Sie eine schlüssige Variante gefunden haben, dann notieren Sie eine Klavierbegleitung in Viertel- und Achtelnoten mit taktweise liegenden Basstönen.*

Name: Kurs: Datum:

Kopiervorlage Notenlinien

Redaktion Simone Gebhardt · Drucksache Sachtext / Dietlind Grüne, Heidelberg
Layout und technische Umsetzung zweiband.media, Berlin
Einbandfoto Gundula Friese, Berlin
Bilder Inhaltsverzeichnis, Grafiken und Illustrationen Markenbau / Prof. Rayan Abdullah, Leipzig
Bild 4 Seite 3 Photoshot / Photoshot. All rights reserved.
Bildrecherche Simone Gebhardt
Notensatz Holger Jeschke, Leipzig

Zum DREIKLANG für die Oberstufe gehören

Arbeitshefter ISBN 978-3-06-065740-7
Musikbuch ISBN 978-3-06-081582-1
E-Book ISBN 978-3-06-065334-8
CD-Paket ISBN 978-3-06-081584-5
Handreichungen als Download ISBN 978-3-06-065741-4

www.cornelsen.de

1. Auflage, 1. Druck 2017

Alle Drucke dieser Auflage sind inhaltlich unverändert
und können im Unterricht nebeneinander verwendet werden.

Druck: H. Heenemann, Berlin

ISBN 978-3-06-065740-7

PEFC
PEFC/04-31-1156

PEFC zertifiziert
Dieses Produkt stammt aus nachhaltig bewirtschafteten Wäldern und kontrollierten Quellen.
www.pefc.de